IMPRESSUM

Schneeschmelze, sinnliche Kurzgeschichten

Autorin: Ines Witka
www.ineswitka.de
Andreas Kolbe, c/o Ines Witka, Am Rippberg 13, 36119 Neuhof
Lektorat: Nicole Carina Fritz
Gestaltung: Yves Findling
www.yvesfindling.de
Fotografie: ©Vince Voltage; www.vincevoltage.com
Hutdesign: Pinkzi

Herstellung und Druck über tolino media GmbH & Co. KG,
Albrechtstr. 14, 80636 München. Printed in Germany.
Fragen zu Produktsicherheit an: gpsr@tolino.media.

INES WITKA

SCHNEESCHMELZE

Sinnliche Geschichten für kalte Winternächte

INHALT

Das Weihnachtsdessert

»Wer nicht wagt, der nicht gewinnt,« sagte er schon nach einem kurzen Smalltalk an der Bar, an der ich einen Espresso im Stehen trank. Dabei prostete er mir mit einem Glas Champagner zu. »Lust auf ein Essen bei mir?«

Der Lärm um uns herum war beachtlich, sodass ich mir nicht ganz sicher war, ob ich ihn richtig verstanden hatte. Er sah verdammt gut aus mit seinem verwuschelten Haarlook, seiner rechteckigen Brille mit breitem Schildpattrand und diesen sanften Lippen. Außerdem war er mindestens zehn Jahre jünger als ich. Er ahnte wohl, was in meinem Kopf vorging, denn als nächstes hörte ich ihn sagen: »Ich steh auf ältere Frauen.« Seine Finger spielten mit dem Zuckerstreuer, seine Augen schauten auffordernd in meine. »Frauen, die jünger sind als ich, interessieren mich nicht. Erfahrene ältere dagegen schon.«

Er schob mir seine Visitenkarte rüber und lächelte gewinnend. »Ich wohne gleich hier um die Ecke.«

Alexander Palm, las ich. Seine Adresse, mobil Telefon, E-Mail, keine Berufsbezeichnung. Das Leben ist voller Überraschungen. War das seine Masche? Den geheimnisvollen Fremden zu mimen und hier in der Café-Bar vom Feinkost Meyer, der die besten und teuersten Spezialitäten führt, gelangweilte, wahlweise unglückliche oder gestresste Frauen aufzureißen?

Und von der letzten Gruppe sah ich hier zu dieser Jahreszeit ziemlich viele. Schließlich sorgten sie dafür, dass das alljährliche Weihnachtsversprechen eingehalten wurde. Mit gehetzten Blicken standen sie vor gläsernen Theken, wählten Wildpasteten, Gänsekeulen und Karpfen. Packten Champagner und den guten Rotwein aus dem Burgund in den Einkaufswagen, der schon so voll beladen war, als gäbe es nie wieder etwas zu kaufen. Ich war auf jeden Fall kein Teil dieser Weihnachtshysterie. Außer ja vielleicht, leicht frustriert, weil untervögelt und weil an Weihnachten alle auf heile Familie machten. Ich hingegen war Single aus Überzeugung und an Weihnachten nicht mitgemeint.

Als ob er meine Gedanken lesen könnte, sagte er: »Auch wenn es vielleicht den Anschein hat, spreche ich nicht routinemäßig fremde Frauen in Cafés an. Ein Tinder Date hat mich versetzt und eingekauft habe ich schon.« Er zeigte mit dem Kinn zu einer Tüte, die zu seinen Füßen stand. Feinkost Meyer war darauf zu lesen. Ein Mann also, der sich ein Date was kosten ließ. »Wäre doch schade, oder?« Ich konnte es nicht leugnen, und, seine Anziehungskraft war unwiderstehlich. Also nickte ich.

Erfreut sagte er: »In zwei Stunden? Wäre das okay?«

Auf dem Weg zu meiner Wohnung überquerte ich einen Parkplatz, der zu einer Verkaufsfläche für Weihnachtsbäume umfunktioniert worden war. Versonnen schlenderte ich die Reihen der Bäume entlang und strich über die Nadeln der Nordmanntannen, Blaufichten und Lärchen. Am Ende entschied ich mich für eine kleine Edeltanne. Ihre Nadeln waren weich und biegsam. Sie verströmte einen aromatischen Duft – den von mir geliebten Weihnachtsduft. Der Baum reichte mir gerade bis zum Oberschenkel. Ich schulterte das kleine Weihnachtsglück und trug es zu mir nach Hause in den zweiten Stock. Solche Probleme, für die andere einen Mann benötigten, löste ich mit Links. Für Sex allerdings war die Do it yourself Methode auf Dauer langweilig. Aber da sich vor weniger als einer halben Stunde eine äußerst attraktive und unkomplizierte Lösung angeboten hatte, zog ich mein Kostüm aus und duschte. Als die Zeit gekommen war aufzubrechen, legte ich eine Perlenkette um den Hals, einen Perlenstrang wickelte ich mir ums Handgelenk. Doch ich trug noch mehr Perlen, die allerdings nur für seine Augen bestimmt waren, falls ich ihn auserwählte, mein Tor ins Paradies zu durchschreiten. Denn darum wird es letztendlich gehen, wenn er Gnade vor meinen Augen fand. Darauf wollte ich vorbereitet sein und ihn mit diesem besonderen Anblick erfreuen: mein Lustzentrum eingerahmt von zwei schimmernden Perlenreihen, die so kunstvoll miteinander verknotet waren, dass ein Knoten auf meiner Perle lagerte und mich jetzt schon angenehm einstimmte. Dies war eine der reizvollen Begleiterscheinungen von Weihnachten – die Dessous. In der Weihnachtszeit stellten die Wäschegeschäfte ihre glitzernden Kollektionen ins Schaufenster, und auf Plakaten posierten Frauen in verführerischen Dessous. Wäsche zählte nach wie vor zu den klassischen Weihnachtspräsenten und viele verschenkten sich zu den Feiertagen gerne selbst in ihrer neuen Lingerie. Spätestens im Oktober drehten alle Wäschelabels gehörig auf: Pailletten, Samt, Kristallsteine, Gold und sogar echte Diamanten. Ich trug gern schöne Wäsche, beschenkte und verwöhnte mich damit ausgiebig – das war gelebte Selbstwertschätzung. Echte Steine oder Federn musste ich zwar nicht haben, aber die Perlen waren für mich ein Highlight.

Auf dem Weg zu Alexander Palm kamen mir der heilige Nikolaus und sein Begleiter Knecht Ruprecht entgegen. Mit seiner schwarzen Kutte, dem zotteligen Bart, der ihm im Gesicht klebte und dem Sack auf dem Rücken, in dem er angeblich die ungezogenen Kinder steckte, sah er zum Fürchten aus. Doch diese beide Gesellen hatten wohl schon die meisten Kinderbesuche hinter sich. Sie sangen falsch, dafür aber laut Let it snow! Let it snow! Let it snow!, dabei lachten sie. Wahrscheinlich kannten sie nur die drei Wörter aus dem Song. Es reichte nicht einmal für den gesamten Refrain, dafür wiederholten sie den Schnipsel laufend. Im Vorbeigehen schwang Knecht Ruprecht die Rute in meine Richtung und täuschte ein paar Schläge an. Er hätte mich wohl zu gern erwischt, doch ich war schnell zur Seite ausgewichen.

Alexander lächelte erfreut, als er mich erblickte. Meine Kombination aus schwarzer Lederjacke, schmaler Hose und Reiterstiefeln schien ihm zu gefallen. Während er mir die Jacke abnahm, entdeckte er die Perlen.

»Wie meine Mutter …« Seine Stimme verriet einen leicht selbstgefälligen Unterton.

Die Wohnungseinrichtung zeigte seine Vorliebe für Designerstücke und brachten seinen Willen zum Ausdruck, unbedingt zur Upperclass zu gehören, offen zum Ausdruck. Als einzige Reminiszenz an Weihnachten stand eine Gruppe von Papiertannenbäumen in unterschiedlichen Größen und Naturfarben dekorativ auf dem gedeckten Tisch beisammen.

Auf den Tellern waren Ölsardinen in der Dose dekoriert, dazu reichte er Steinofen-Brot und Salz-Butter, klein aber fein. Wie hätte er auch in zwei Stunden ein exquisites Menü zaubern können? Und eines war uns beiden klar. Ich war nicht nur zum Essen eingeladen worden, sondern auch zum Schlittenfahren. Ich musste lachen. Der Gedanke, dass der Satz »Mit dir werde ich Schlittenfahren« doppeldeutig war, amüsierte mich. Ich versuchte ihn darüber in ein Gespräch zu verwickeln.

»Was meinst du, wie es zu dieser Redensart gekommen ist?«, fragte ich ihn. »Einerseits ist es eine Drohung und andererseits ist es eine erotische Stellung. Die Kampfansage ist mir eher verständlich. So eine Schlittenfahrt kann rau und gefährlich sein, Stöße ins Kreuz gibt es auch dazu. Doch wie kann eine Sexualpraktik einer Schlittenfahrt gleichen?«

Er zuckte nur mit den Schultern. Vermutlich klang so ein Satz in seinen Ohren altmodisch, weil er noch nie einen Schlittenhügel hinuntergesaust war, weil die Winter seiner Jugend lau und ohne Schnee waren, weil für ihn das Auto das einzige Transportmittel war und er deshalb eher an Räder als an Kufen dachte.

Und so behielt ich den Gedanken für mich, dass diese ganz spezielle Schlittenfahrt für die Frau sehr reizvoll war, zumindest meiner Erfahrung nach.

Es war nicht zu übersehen, dass er sich ganz auf die Attraktivität seiner Jugend verließ. Auf jeden Fall hielt er es nicht für nötig, sich besonders charmant zu geben oder sich lebhaft am Gespräch zu beteiligen. Anscheinend hatte er noch nicht davon gehört, dass das Sprachzentrum der Frau direkt mit ihren Gefühlen verknüpft war.

Nach ein paar Versuchen meinerseits, ihn doch noch in ein anregendes Gespräch zu locken, gab ich es auf. Warum auch reden? Seine Süßkartoffeln mit Trüffelmayonnaise waren lecker und die Currywurst vom »Schwäbisch-Hällisches Landschwein«, wie er betonte, war eine originelle Idee. Wenn später seine Geilheit durchkam und er wollte, war ich selbstbewusst genug

›Nein‹ zu sagen. Denn dass ich noch wollen würde, war eher zweifelhaft bei seinem Desinteresse für meinen Esprit. Nach dem Hauptgang bewegte er sich betont sexy in Richtung Küche. Er schwang die Hüften, hielt die Schultern gestrafft, und drehte sich noch einmal zu mir. Mit bedeutungsvollem Blick kündigte er an, dass ich gleich die leckerste Nachspeise aller Zeiten bekäme. Während er in der Küche hantierte, überlegte ich, ob ich noch vor oder erst nach dem Dessert verschwinden sollte. Dann könnte ich den Rest des Abends mit dem Dekorieren des Weihnachtbäumchen verbringen.

Siegesgewiss lächelnd kam er zurück, stellte einen Porzellanteller mit einer silbernen Haube darüber auf den Tisch und sagte: »Baby, heute bekommst du den leckersten Nachtisch aller Zeiten.«

Als er vorschlug, mir die Augen zu verbinden, um den Genuss zu steigern, willigte ich ein. Ahnte ich doch, was mich erwarten würde. Im Wartezimmer meines Zahnarztes hatte ich in einem Männermagazin sieben magische Sex-Tipps gelesen. Einer davon schien hier gerade in die Tat umgesetzt zu werden und ich war gespannt, wie ihm der gelingen würde. Als etwas keksartiges meine Lippen berührte, öffnete ich sie bereitwillig. Eine weiche, nach Himbeeren schmeckende Creme schmiegte sich kühl an meinen Gaumen. Meine Zähne bissen auf einen Spekulatius. Welche Überraschung, ein weihnachtlicher Nachtisch.

»Mmmh«, murmelte ich und kaute genüsslich. Gut, dass ich geblieben war, sonst wäre mir diese Köstlichkeit entgangen.

»Das Gebäck ist von Mariettas Törtchen«, sagte er. »Ehre, wem Ehre gebührt.«

»Davon würde ich auch noch ein zweites nehmen.«

»Gern«, sagte er und schob mir ein weiteres Törtchen in den Mund.

Als Nächstes wurde ich mit etwas Schokoladigem gefüttert. Mit der Zunge tastete ich die Form ab. Derweil schmolz die Schokolade und gab etwas Süßes, Klebriges frei.

»Rate, was das ist.«

Ich hatte keine Ahnung. »Verrate es, schließlich bin ich nicht in einer Quizshow.«

»Schokoliertes Orangengelee, es gibt noch Ananas und Zitrone zur Auswahl.«

»Ich verzichte, das ist mir zu süß.«

»Dann lass dich vom nächsten Gang überraschen. Bin gleich zurück.«

Er ließ mich mit verbunden Augen sitzen. In der Küche rumorte es.

Jetzt ist es Zeit für den Gang mit der Sprühsahne, so stand es zumindest in dem Magazin. Bisher war er sehr anständig gewesen, vielleicht täuschte ich mich aber auch. Dennoch öffnete ich meinen Mund nur halb, damit er mir nicht seinen mit Sahne betupften Penis, bis zum Anschlag in den Rachen schieben konnte.

»Nicht so zaghaft.«

Gehorsam folgte ich, und tatsächlich berührte mich eine Banane, aber nicht seine. Die Frucht war warm und mit Sirup überzogen. Dazu schmolz Vanilleeis in meiner Mundhöhle. Ich prustete los vor Lachen.

Er lachte mit: »Ich will nicht wissen, was du gedacht hast.«

Das behielt ich lieber für mich.

»Davon will ich mehr.«

Seine Tonlage wechselte, wurde sanfter: »Jetzt wird's scharf.«

Schokopudding mit Chili war auf dem nächsten Löffel. Heiß lag er auf der Zunge, ich schob die Chili-Stückchen in meine Backe. Nach ein paar weiteren Löffeln brannte sich das Chili schon fast durch die Haut. Ich hatte große Lust, es einfach auszuspucken. Noch während ich darüber nachsann, klopfte die nächste Überraschung an meine Lippen. Die weiche, samtene Spitze seines Penis drängte sich in meinen Mund. Er hatte den Sextipp lediglich um zwei zusätzliche Leckereien erweitert. Da fiel mir eine wunderbare Stelle aus Fräulein Smillas Gespür für Schnee ein. Smilla brachte den Mechaniker dazu, den kleinen Spalt seiner Eichel zu öffnen, sodass sie ihre Klitoris einführen und ihn vögeln konnte. Umsichtig schlängelte ich meine Zunge, die einen kleinen Umweg über meine Backe genommen hatte, in dieses winzige Loch und füllte es liebevoll mit Chili. Die Reaktion setzte leicht verzögert dann aber umso heftiger ein. »Was zum Teufel …« Er zog sich so abrupt zurück, dass er beinahe auch noch intensiv Bekanntschaft mit meinen Zähnen geschlossen hätte. Ich streifte mir die Krawatte von den Augen. Fluchend hielt er sich den Sektkühler vor den Schritt. Allzu viel Linderung schien das nicht zu bringen, mit einem tiefen Stöhnen ging er in die Knie. Wie er da so auf dem Boden kniete, ganz dem Selbstbewusstsein des Jägers beraubt, fand ich ihn doch wieder recht anziehend. Doch meine Neugierde auf ihn war verbraucht, sein Ansinnen war einfach zu selbstgefällig gewesen. Dennoch oder gerade deshalb schenkte ich ihm ein strahlendes Lächeln.

Auf dem Weg nach draußen – die Hüften schwingend, die Schultern gestrafft – drehte ich mich noch einmal zu ihm um und sagte mit Sanftmut in der Stimme: »Unterschätze nie eine Frau, gerade wenn sie Perlen trägt.«

Seinen wütenden Blick im Rücken nahm ich meine Tasche und ging. Die Straßen, durch die ich mich mit langen Schritten bewegte, waren still und leer. Die Nacht war kalt. Hinter einzelnen Fenstern brannte noch Licht. Silhouetten der Bewohner waren zu sehen. Auf einigen Balkonen waren bereits die Nadelbäume mit Lichterketten umwickelt. Ich erinnerte mich an ein Spiel mit meiner Schwester. Wir zählten jeden Abend, an unserem Kinderzimmerfenster stehend, die Weihnachtsbäume, die im Lichterglanz erstrahlten. Jeden Abend kamen weitere hinzu, auch auf den Baukränen. Natürlich schummelten wir. Wenn wir das Spiel heute spielen würden, wären es viel mehr. Dank LED-Technik und Discountern rankten Weihnachtsgirlanden an fast jedem Haus. Vor jedem Geschäft standen funkelnde Weihnachtsbäume. Überall waren Bäume und Büsche mit Lichterketten geschmückt, Lichtverschmutzung pur.

Es begann in dicken Flocken zu schneien. Im Schein der vielen Lichter wirkte der Schneefall sehr beruhigend. Auf dem Gehweg bildete sich eine dünne Schneedecke. Ich war die erste, die Fußabdrücke hinterließ. In bester Stimmung ging ich nach Hause.

Vanessas Fahrten ins Wunderland

»Fahr vorsichtig, Schatz!«, stand auf dem Plakat, das Vanessa aus dem rechten Augenwinkel wahrnahm. Das war bestimmt zu allen Jahreszeiten ein guter Rat. Doch jetzt im November, wo Schnee, Kälte und Glatteis häufig für schwierige Fahrbedingungen sorgten, hoffte sie, dass die meisten Autofahrer schon mit Winterreifen unterwegs waren. Der Wetterdienst hatte für dieses Wochenende vorhergesagt, dass selbst in tieferen Lagen in Baden-Württemberg mit dem Wintereinbruch zu rechnen sei. Vanessa hatte bereits im Oktober Winterreifen aufziehen lassen, aber aus Erfahrung wusste sie, dass manche Autofahrer erst nach dem ersten Schneefall reagierten. Hoffentlich gehörte die Person, die den schwarzen SUV vor ihr steuerte, nicht zu dieser Gruppe. Wie sie wohl tickte? Den meisten SUV-Fahrer, denen Vanessa so begegnete, konnte es oft nicht schnell genug gehen – sie drängelten, hupten und überholten, kaum dass eine winzige Lücke sichtbar wurde. Die Person in dem Wagen da vorne gondelte stattdessen mit ihrem Straßenmonster – ausgestattet mit breiten Reifen und bestimmt an die 300 PS, gemächlich vor ihr her und gestikulierte wild Richtung Beifahrer. Warum braust sie nicht davon? Jedes Mal, wenn Vanessa zum Überholen ansetzte, wurde der Wagen schneller, sodass sie mit ihrem Fiat 500 nicht vorbeikam. Wenn sie zurückfiel, schien die Person ebenfalls abzubremsen, denn der Abstand zum vorderen Wagen verringerte sich merklich.

Es wirkte wie ein Spiel und ja, verdammt, es machte sie kribblig. Nur war es dieses Mal ein nervöses Kribbeln, kein erregendes, welches sie sonst bei ihren Autofahrten genoss.

Je länger eine Autofahrt dauerte, desto schöner war sie für Vanessa, da sie dann Zeit hatte, sich ihren erregenden Gedankenspielen hinzugeben. Anfangs waren dies Sex-Fantasien, wie sie in jeder Frauenzeitschrift zu lesen waren: Mit einer zufälligen Bekanntschaft in einer Hängematte auf einer Lichtung vögeln. Der Freund, der sich wünschte, seinen Penis in ihre Zuckerschnecke zu schieben, während ein anderer zusah. Ein Fremder, der sie von hinten nahm, während sie im Club tanzte – solche Sachen eben. Ihre Wünsche und Fantasien veränderten sich ständig. Sie wurden bunter, enthemmter, gefährlicher, so ihr Eindruck. Auf jeden Fall gewannen sie an Detailgenauigkeit. Es tauchte die Idee auf, von zwei Männern auf einem Gynäkologenstuhl respektvoll behandelt zu werden. Am liebsten mit warmen Ölen und Dildos. Perfekt wäre es, sie würden sich dabei unterhalten, was sie als nächstes vorhaben, beispielsweise sie mit ihren Schwänzen zu befriedigen.

War sie ordentlich angetörnt, presste sie ihr Schambein gegen ihr Handgelenk und spielte mit den Fingern an ihren Lustlippen, während die anderen Autos an ihr vorbeifuhren. Die achtzig Kilometer, die sie jeden zweiten Samstagnachmittag zu ihrer Mutter und sonntags zurückfuhr, hatten ihre Zuckerschnecke konditioniert wie Pawlow den Hund. So wie der Hund mit erhöhtem Speichelfluss auf einen Glockenton reagierte, den er von seiner Fütterung her kannte, produzierte ihre Zuckerschnecke Lustschleim, sobald sie in ihr Auto stieg. Ab und an fragte sie sich, ob andere Autofahrer wohl ahnten, was sie mit ihren Fingern tat, wenn sie bemerkten, dass eine Hand nicht auf dem Lenkrad lag, sondern zwischen ihren Schenkeln ruhte. Sie hatte eine unglaubliche Fertigkeit entwickelt, ihre Lust mit ihren Fingern während der Fahrt in kleinen Dosen zu steigern. Dazu hörte sie laute Musik. Wenn die Erregung endlich zum Orgasmus drängte, schrie sie laut, lauter als die Musik. Das war großes Kino und danach fühlte Vanessa sich fantastisch.

Nun machte der SUV alles zunichte. Dabei hatte sie sich gut vorbereitet. Wie immer trug sie einen Rock. Im Sommer ohne Strümpfe, im Winter trug sie blickdichte warme Halterlose. Wenn sie schnell den Griff an ihre Zuckerschnecke benötigte, dieses geile Gefühl des Zupackens, behinderte sie eine Hose mit dem vielen Stoff in ihrem Flow. Ihre Spotify-Playliste für den Roadtrip spielte heute Songs von Rosenstolz und für später, für ihr Finale, hatte sie an Annett Louisan Ich will doch nur spielen gedacht. Des Weiteren hatte sie sich für diese Fahrt zwei Liebeskugeln in ihre Zuckerschnecke geschoben und diese reagierte bereits vergnügt, in dem sie geschmeidig und feucht vor Erregung war. Es war nur noch ein Kilometer bis zu den tiefen Bodenwellen. Das Verkehrsschild wies schon darauf hin. Sie drosselte auf achtzig Stundenkilometer. Ihr Auto sprang über die Bodenwellen und die Kugeln antworteten. Sie vibrierten und tanzten regelrecht. Vanessa quietschte vor Vergnügen.

Der SUV vor ihr blinkte rechts, links und dann wieder rechts. Stimmte mit ihrem Wagen etwas nicht? War das ein Autobahnflirt? War der Fahrer – in der Zwischenzeit hatte sie eindeutig erkannt, dass ein Mann den Wagen steuerte – ähnlich drauf wie sie? Da bog er auf den Rastplatz ab. Hoffte er, dass sie ihnen folgen würde? Träumte er davon, wie er sie über die warme Motorhaube gebeugt, im Stehen nehmen würde und sein Beifahrer würde zuschauen? Ja, in ihrem Kopf lief ein verrückter Film ab. Obwohl der Gedanke sie ziemlich anmachte, folgte sie der Aufforderung nicht. Lieber baute sie die Fantasien in ihr Kopfkino mit ein, denn sie wusste bereits, dass diese Begegnungen real nicht so befriedigend waren wie in der Fantasie. In ihrer Vorstellung dirigierte sie die Männer. Da ging nichts zu schnell oder zu langsam. Alles lief genauso, wie sie es brauchte.

Vanessa nickte im Takt der Musik. Noch war es zu früh, die Hand zwischen die Schenkel zu legen. Schließlich sollte der Spaß nicht zu früh vorüber sein. Außerdem fuhr sie durch eine Baustelle. Mit sechzig Stundenkilometer schob sie sich an den Lastwagen links vorbei und so schamlos war sie noch nicht, dass sie den Truckern diesen Blick gewährte. Überdies steigerte die Verzögerung ihr Verlangen.

Die Baustelle zog sich über zwei Kilometer hin …, noch einen …, noch fünfhundert Meter …, und dann war das Ende in Sicht. Sofort hob sie den Rock an. Endlich, endlich berührte sie sich. Oh, das war gut, dieser befreiende Griff zwischen die Beine. Sie schob den Rocksaum hoch und den Slip beiseite. Oh ja, das war geil. Bis sie auf einmal merkte, dass der schwarze SUV wieder aufgetaucht war. Dieses Mal fuhr er auf der Spur neben ihr. Sie riskierte einen kurzen Seitenblick, der ihr lediglich bestätigte, dass ein Mann den Wagen fuhr. Ein Mann, der grinste und mit dem Daumen ein »Gefällt mir« zeigte. Auch der Beifahrer bekundete offensichtliches Interesse.

Ja, das konnte sie sich vorstellen. Sollte sie weitermachen oder abbrechen? Gerade noch hatte sie eine Performance vor einem Publikum ausgeschlossen. Doch jetzt erregte sie die Vorstellung zusätzlich und sie rieb sich weiter. Die Sängerin von Rosenstolz sang passenderweise von Männern, die sie sehen sollen und vom Schlampenfieber. Vanessa bewegte dazu die Hüften vor und zurück. Die Kugeln tanzten weiter. Mit den Oberarmen presste sie ihre Brüste zusammen und dann oh, konnte sie nicht anders. Sie gönnte ihrer Zuckerschnecke zwei Finger.

Einige Autofahrer hupten bereits, schließlich blockierten der SUV-Fahrer und sie mit ihrer Parallel-Fahrt den nachfolgenden Verkehr. Da beschleunigte der SUV, setzte sich vor ihren Fiat und einige Drängler zogen zügig links vorbei.

Schon wechselte der Wagen zurück auf die linke Spur, drosselte seine Geschwindigkeit, um wieder auf gleicher Höhe zu fahren wie sie.

Ein weiterer Seitenblick verriet Vanessa, dass der Beifahrer in ihren Wagen starrte, um einen Blick auf ihren Schoß zu erhaschen.

Entgegen ihrer sonstigen Gewohnheit das Finale lustvoll zu verzögern, schrie sie bereits nach wenigen Minuten laut gegen die Gitarrenklänge und den Refrain des Liedes an. Ja, auch sie ging gerade in Flammen auf. Nach ihrem Beben durchflutete eine Entspannungswelle jeden zuvor angespannten Muskel. Bereit dem Beobachter ins Gesicht zu sehen, schaute Vanessa entschlossen nach links. Der Beifahrer hatte das Fenster geöffnet und sich weit hinausgelehnt. Sie erschrak dermaßen, dass sie zu weit nach rechts steuerte. Rasch zog sie die Finger aus ihrer Zuckerschnecke heraus, packte mit beiden Händen das Lenkrad und verhinderte gerade noch eine Kollision mit der Leitplanke. Triumphierend reckte sie dem Beobachter die nass glänzenden Finger entgegen, bevor sie daran leckte und sie in ihrem Mund vor und zurück fahren ließ. Der Typ neben ihr hob erneut den Daumen. Dann schoss der Wagen vor ihren, setzte den Blinker nach rechts. Das war eine direkte Aufforderung: »Fahr auf den Rastplatz!«

Schon bog er ab. Ihr Herz raste und das Blut pochte in den Ohren. Was hatte sie sich dabei gedacht? Kurz überlegte sie, ob sie dem SUV folgen sollte. Nein, sicher nicht, entschied sie dann, wozu sollte das überhaupt noch gut sein? Sie hatte ihren Spaß gehabt.

Eine Weile dachte sie darüber nach, welche Geschichte sich wohl auf dem Rastplatz abgespielt hätte. Da wurde es ihr noch einmal heiß. Die nächsten zwanzig Kilometer unterhielt sie sich selbst mit der Vorstellung, wie der andere Mann wohl ausgesehen hatte, schließlich hatte sie sein Gesicht nicht genau erkennen können und was die beiden wohl über sie gesprochen hatten.

Als sie bei Dämmerung endlich in der Kleinstadt, wo ihre Mutter wohnte, ankam, parkte sie ihr Auto ein paar Meter von deren Haus entfernt und blieb im Auto sitzen. Eine Aufgabe hatte sie noch zu erledigen. Sie nahm einen Stift und ein paar Karteikarten aus ihrer Handtasche. Als erstes setzte sie ›Löchle‹ als Titel auf die Karte – so hieß der Parkplatz, an dem die Insassen des SUVs versucht hatten, sie herauszulocken. Da schoss es ihr noch einmal heiß zwischen die Schenkel. Der Stift flog nur so über die Karteikarten, notierte das eben Erlebte und die ersten Fantasien einer möglichen Fortsetzung. Sie wusste jetzt schon, dass diese Fantasie-Vorlage ausbaufähig war und auf der Heimfahrt zu großem Vergnügen führen würde. Der Beifahrer, der sich auf ihre Handgelenke setzte, während der andere sie befriedigte. Der Fahrer, der sie mit seinem Schwanz penetrierte, während der andere seinen in ihren Mund schob. Der Beifahrer, der sie von hinten nahm, während sie den anderen leckte.

Sie griff neben sich auf den Beifahrersitz, öffnete den Reißverschluss der Sporttasche und holte einen Karteikasten im Jugendstil hervor. In seinen Lederbezug waren die floralen Ornamente dieser Epoche geprägt. Die stilisierten Blätter und Blüten hoben sich rötlich erhaben vom dunklen Grund ab. Sie befanden sich sowohl auf dem Korpus als auch auf dem gewölbten Deckel, der platzsparend seitlich aufklappte. Außerdem waren die Maße überzeugend: ungefähr vierzig Zentimeter lang, halb so breit und durch die Wölbung des Deckels knapp zwanzig Zentimeter hoch. Die Karteikarten konnten demnach DIN A5 Querformat groß sein und boten damit genügend Platz für ihre Notizen. Als sie ihn auf dem Flohmarkt entdeckt hatte, wusste sie sofort, dass sie diesen Kasten haben musste, so schön war er. Der Antiquitätenhändler erzählte, dass er aus einem großbürgerlichen Haushalt stamme und die Dame des Hauses darin Kochrezepte gesammelt habe. Die alten Karten waren noch darin verblieben und sie hatte sich die Mühe gemacht, die altdeutsche Schrift zu entziffern. Interessanterweise standen auf den Karten keine Kochrezepte, sondern die Titel gelesener Bücher sowie Gedanken, die sich die vorherige Besitzerin dazu gemacht hatte. Das war so spannend zu lesen, dass sich Vanessa die Mühe machte, jeden einzelnen Eintrag zu entziffern. Die Karteikarten waren nach Schlagworten organisiert und innerhalb dieser Kategorien wiederum alphabetisch sortiert. Offensichtlich hatte die Dame auch Briefe ihrer Liebhaber darin versteckt. Sie schien überhaupt eine sehr sinnliche Frau gewesen zu sein. Der Kasten war mit roter Seide ausgekleidet und unter den Büchern, die sie katalogisiert hatte, waren auch die der französischen Autorin Colette. Claudine erwacht, Claudine in Paris, Claudine in der Ehe und Claudine geht. Die Aufschriebe der Vorbesitzerin lagen nun in einer hübschen Pappschachtel bei Vanessa zuhause.

Der Karteikasten war überraschend leicht. Sie konnte ihn gut transportieren und hatte sich dazu extra diese Sporttasche zugelegt, in die er mit seinen Maßen exakt hineinpasste. Allerdings hatte sie seit ein paar Wochen ein Problem. Einerseits wollte sie ihn aus Angst vor Diebstahl nicht im Auto lassen, andererseits traute sie ihrer Mutter nicht mehr. Bei ihrem letzten Besuch hatte sie diese erwischt, wie sie in ihrem Rollkoffer stöberte. Was eine unangenehme Erinnerung in ihr geweckt hatte: Als Vanessa noch zuhause gewohnt hatte, durchsuchte ihrer Mutter die Taschen ihrer Tochter regelmäßig nach Alkohol, Kondomen oder der Pille. Sie las sogar Vanessas Tagebuch. Partys waren ebenfalls verboten. Das war keine leichte Zeit für beide gewesen. Während ihre Freundinnen reale Erfahrungen machten, blieb Vanessa nur die Fantasie. Irgendwann hatte sie sich ihrer Mutter widersetzt, indem sie ihr erzählte, dass sie bei Freundinnen übernachte. Und schließlich ging sie ohne diese Ausreden feiern. Sie nahm die Pille, tanzte, küsste und flirtete. All dies gefiel ihr ausgesprochen gut, nur das mit dem Vögeln, das war nie so befriedigend wie in ihren Fantasien. Dort konnte sie die Männer dirigieren, sie anweisen, genau das zu tun, was sie wollte. Da ging nichts schief, war nichts unbeholfen oder peinlich. Sie vögelten in genau der richtigen Geschwindigkeit, genauso lang, zärtlich oder heftig, wie sie es brauchte. Sie waren fantasievoll und rücksichtsvoll, sie waren perfekt.

Wenn ihre Mutter wieder anfing ihre Sachen zu kontrollieren, auf Grund von einer leichten Demenz oder einfach aus Langeweile, dann war der Karteikasten in der Wohnung ihrer Jugend nicht mehr sicher. Womöglich würde ihre Mutter die Karten lesen und einzelne davon vernichten. Zumindest die, die sie für anstößig hielt. In diese Kategorie fiel sicher der Wunsch auf einem Gynäkologenstuhl zu liegen und von zwei Männern verwöhnt zu werden. Vanessa wusste noch genau, wie sie diese Idee über Wochen beschäftigt hatte, wie die Bilder die Gier und die Geilheit in ihr befeuert hatten, auf dem Weg zum Friseursalon, beim Haare schneiden, beim Föhnen und Einkaufen. Selbst jetzt musste sie sich zurückhalten, damit sie sich nicht wieder zwischen die Beine fasste und sich erneut befriedigte. Ihre Brüste schmerzten schon allein bei der Vorstellung mit gespreizten Beinen auf diesem Stuhl zu liegen. Ihre Zuckerschnecke zuckte. Mit zusammengepressten Beinen und dem Karteikasten auf dem Schoß saß sie hinter dem Lenkrad. Ach, was soll's. Warum sich beherrschen? Mangels Finanzen gab es in der kleinen Stadt schon seit Jahren keine Weihnachtsbeleuchtung mehr. Lediglich an den Straßenlaternen hingen LED-Engel mit Trompeten. Die gaben weder viel Licht, noch luden sie die Bewohner zum abendlichen Flanieren ein. Der Gehweg war menschenleer. Beherzt griff sie unter ihren Rock und kam schon nach Minuten leise, aber hemmungslos.

Sie klappte den Deckel auf, um die Karten einzusortieren. Nachdenklich blätterte sie ein wenig in ihnen herum, um das richtige Schlagwort zu finden. Hatte sie nicht vor längerer Zeit eine ähnliche Fantasie wie den Autobahnflirt aufgeschrieben? Ahhh, da war sie. Ja, das Erlebte kam einer ihrer Träumereien sehr nahe.

Langsam wurde ihr kalt. Sie verstaute den Karteikasten in der Sporttasche, legte sie in den Fußraum hinter den Beifahrersitz und stieg aus. Als sie ihren Rollkoffer vom Rücksitz nahm, erschrak sie. Konnte es sein, dass drei Autos hinter ihr der SUV am Straßenrand stand? Nein, dass bildete sie sich nur ein. Dunkle Autos gab es viele. Trotzdem tat sie so, als wäre ihr Schnürsenkel aufgegangen, bückte sich und behielt dabei den Wagen im Auge. Auf die Entfernung war nicht viel zu erkennen. Auch wenn sie glaubte, eine schattenhafte Bewegung im Inneren des Wagens wahrzunehmen, konnten ihr genauso ihre Nerven einen Streich spielen. Eine Gruppe Jugendlicher zog an ihr vorbei. Sie lärmten, hielten ihr Dosenbier umklammert und alberten herum. Rasch schloss sie sich denen an, tauchte in der Gruppe unter und bog unbemerkt in den Hauseingang ihrer Mutter. Falls es also doch die Männer von der Autobahnfahrt gewesen waren, hatten sie sicher nicht registriert, wo sie hingegangen war...

Ausschnitt aus dem unveröffentlichten Roman »Haarscharfe Wünsche«

Kieselsteine

Der kalte Wind blies Margarete Nieselregen ins Gesicht. Langsam schlenderte sie die erleuchteten Schaufenster entlang. Kurz vor dem Weihnachtsfest hatten die Geschäfte verlängerte Öffnungszeiten. Vom nahegelegenen Weihnachtsmarkt am Rathausplatz drang die Weihnachtsliederbeschallung durch die Nacht. Die Waren, die in der funkelnden Auslage eines Edelkaufhauses zu Schau gestellt wurden, waren luxuriös und teuer. Die Taschen und Parfüms erschienen ihr entrückt schön, vor allem jedoch die mit roten und schwarzen BHs und Spitzenslips bekleideten Schaufensterpuppen, die vor Kunsttannenbäumen standen. Entsprechend dem erstklassigen Ruf des Hauses waren sie mit ausgefallenem Christbaumschmuck in Form von Lippenstiften, glitzernden Gin Flaschen und goldenen Champagnergläser geschmückt.

Sollte sie sich so ein schönes Wäscheset kaufen? Sich selbst beschenken? Den Funken von Unsicherheit, der sich in ihr meldete, unterdrückte sie. »Nur wer sich liebt, kann auch andere lieben und von anderen geliebt werden«, klang Steinfels' Stimme in ihrem Ohr. Auch wenn sie sonst nicht viel auf die Worte des Antiquitätenhändlers gab, den sie einmal die Woche besuchte, nahm sie dies als Versprechen. Entschlossen betrat sie das Kaufhaus und fuhr mit der Rolltreppe ins Untergeschoss. Auf der gegenläufigen Rolltreppe kamen ihr eine Horde von Rauschebärten entgegen. Jeder steckte in einem rot-weißen Weihnachtskostüm, mit falschem Fell und schlechten Schnitt. Alle schienen schon angesäuselt zu sein und feixten sie an.

Während in der Parfümerie-Abteilung noch Hochsaison herrschte, waren in der Dessous-Abteilung deutlich weniger Menschen auf der Suche nach Geschenken unterwegs. Offensichtlich steht den Menschen eher der Sinn nach einem Duft oder hochwertiger Kosmetik, dachte sie. Die sexy gestylten Puppen, auf die sie direkt zusteuerte, erklärten das Grinsen im Gesicht der Weihnachtsmänner auf der Rolltreppe. Die Puppen standen auf einem goldenen Podest und waren zusammen mit Champagnergläsern und Zylindern schon für die bevorstehenden Silvesterfeierlichkeiten inszeniert. Bestimmt hatte der Anblick die jungen Männer genauso nervös gemacht, wie sie es augenblicklich wurde. Unsicher bewegte sie sich durch die vielen Kleiderständer, zwischen denen Tische platziert waren, auf denen die neuesten Kollektionen auf Büsten drapiert in warmem Licht erstrahlten. Staunend blieb sie vor einer Vitrine stehen, in der neben feinsten Strumpfbändern und Haltern glatt polierte Kieselsteine lagen. Margarete ließ ihren Blick über die edlen Accessoires schweifen, verstand jedoch nicht, was es mit ihnen auf sich hat. Eine Verkäuferin sprach sie an, ob sie die edlen Produkte schon kenne: »Die Größe täuscht, sie sind zwar klein, doch ihre Vibrationen sind kräftig. Durch ihre gewölbte Form passen sie sich wunderbar dem weiblichen Körper an.«

»Aber was ist es?«, fragte sie. Das Sprechen fiel ihr angesichts ihres Erstaunens und ihrer Unwissenheit schwer.

»Ein klitorales Massagegerät, eine Art Vibrator.«

Margarete nickte stumm. Der Zweifel an der Aussage stand ihr wohl ins Gesicht geschrieben, denn die Verkaufsberaterin ergänzte: »Die Stimulation erfolgt von außen, die Form ist auf den Venushügel abgestimmt, deshalb heißt es korrekterweise Auflegevibrator. Doch ich verwende diesen unromantischen Begriff nicht so gern. Der Produktname Nea klingt weich und sanft.«

Margarete dachte daran, dass sie vor weniger als einer halben Stunde Steinfels von einem Streich erzählt hatte, den ihr einige Jungs aus der zehnten Klasse gespielt hatten. Piet, Kai und Oliver waren ihr bei der Kofferaufgabe behilflich gewesen, was sie verwundert hatte. Dabei steckten sie einen Vibrator in den Koffer. Allerdings bereits in eingeschaltem Zustand, so dass die Dame vom Bodenpersonal sie als Besitzerin des Koffers aufgeforderte, ihn zu öffnen. In der Zwischenzeit hatte sich eine lange Schlange gebildet. Ja, sie hörte das Geräusch ebenfalls, dachte dabei an ihre elektrische Zahnbürste und öffnete arglos den Koffer, starrte ratlos auf dieses vibrierende Ding, dass sie nicht kannte. Piet drängte sich neben sie, nahm es heraus und zeigte es den neugierigen Augen der Mitschülerinnen, der Passagiere, der Lehrerin und der Mitarbeiterin am Check-in: einen penisförmigen, fleischfarbenen Vibrator. Dieses schön geschwungene Objekt, das in schwarzem Lack glänzte, als sei es gerade frisch aus dem Bach entnommen worden, brachte sie nicht mit diesem hässlichen Teil in Einklang.

Der Verkäuferin schien das Gespräch nicht peinlich zu sein, sie holte das Objekt aus der Vitrine und schaltete es ein. Zwischen Dessous-Ständern und Umkleidekabinen legte sie es Margarete in die Hand. Diese zuckte zurück.

»Mit den Plus- und Minus-Tasten regeln Sie die Stärke der Vibration. So können Sie jede intime Körperzone von zart bis hart individuell verwöhnen. Alles ist auf die weiblichen Bedürfnisse abgestimmt, das körperfreundliche Material, die Form, die Farben. Ich kann ihn noch in Lila und Taubenblau anbieten. Ich persönlich finde den schwarzen am schönsten. Nea wird sehr gerne gekauft. Sie können ihn bedenkenlos auf den Nachttisch legen. Niemand wird vermuten, dass dies ein Sexspielzeug ist.« Sie lächelte verschwörerisch. »Ich besitze ihn auch und er bereitet mir wirklich viel Spaß. Er ist sogar wasserdicht.«

»Ich habe keinerlei Erfahrung mit derlei Hilfsmitteln und keinen Freund«, stotterte sie. »Von außen, sagen Sie?«

Die Verkäuferin nickte.

Zu ihrer eigenen Überraschung bezahlte sie fünfundachtzig Euro für das Lustversprechen und trug es nach Hause. Aus der dezenten Verpackung entnommen, lag es wie ein Handschmeichler glatt in ihrer Hand. Sie legte sich aufs Bett und schob es in ihre Jeans. Die Rundung passte perfekt auf ihr Schambein. Dennoch fühlte es sich falsch an. Das Sexspielzeug in ihrem

Bett einzusetzen, erschien ihr banal und die Art, wie sie es anpackte, zu sachlich. Diese Neuerwerbung wollte sie feierlich erkunden. Sie nahm es mit ins Wohnzimmer, schloss die Vorhänge und zündete alle Kerzen an, die im Zimmer verteilt standen. Als sie die Lampe ausschaltete, war der Raum in warmes Licht getaucht. Trotz der gespannten Neugier zog sie sich langsam aus, ihr war seltsam schwindelig zumute. Die Form des Spielzeugs erinnerte sie immer noch an einen geschliffenen Kieselstein. Ruhig legte sie sich auf die Couch. Der Stein vibrierte in ihrer Hand, und sie legte ihn vorsichtig auf ihren Hügel – Venushügel. Ihre Hände umschlossen vorsichtig ihre Brüste – Venusbrüste. Sanft liebkoste sie ihren Körper, spielte mit ihm, wie sie es mochte. Doch der vibrierende Stein und die Gespräche bei Steinfels, der sie mit seinen erotischen Gemälden verführen wollte, steigerten ihre Empfindung. Diese Kunstwerke, mit denen er die Wände seines Antiquitätenkabinetts bestückte, zeigten einerseits mythologische oder biblische Szenen, wie die Venus vor dem Spiegel oder Diana beim Bade, andererseits jedoch waren sie sehr sinnlich und diese befeuerten nun ihre Fantasie. Es war, als ob die Schaumgeborene sie einlud, sich mehr für ihre Gefühle und Gedanken zu öffnen. Margarete schloss die Augen. Diesmal richtete sie ihre Aufmerksamkeit auf ihre Klitoris, die sie als Perle bezeichnete. Verwundert nahm sie wahr, wie sie anschwoll. An der Stelle, an der der Stein vibrierte, entstand ein warmer Strom, der sich wie ein Fächer bis zu ihrem Bauch und ihren Oberschenkeln ausbreitete. Wie verzaubert ließ sie sich auf ihm weiter und weiter treiben, aufs Meer hinaustragen, vom Wind streicheln, bis sie ihre Hüften im Rhythmus der sanften Wellenbewegung des Wassers bewegte. Doch dies genügte ihr nicht mehr. Sie wollte mehr, mehr von dem, was sie auf Steinfels Gemälden gesehen hatte, mehr Ekstase, mehr, mehr, mehr. So ließ sie den Wind zum Sturm anschwellen, das Meer sich aufpeitschen, ließ sich auf die Vorstellung einer wilden Orgie ein, atmete im schnellen Rhythmus, ließ zu, dass ein neues wildes Gefühl in ihr aufwallte, ließ zu, dass ihre Finger in ihre Muschi eindrangen, während die andere Hand das vibrierende Sexspielzeug auf ihrer Perle rieb, ließ zu, dass sie ihre Lust hinausschrie.

Dann lag sie still. Zu erschöpft, um aufzustehen. Sie wickelte sich in die weiche Strickdecke. Im Traum sah sie sich wie Goldmarie durch das Tor von

Frau Holle schreiten und genoss den Goldregen, der auf sie niederrieselte. Das Gold blieb an ihr haften, und sie hörte das Versprechen, das Steinfels ihr gegeben hatte: Alles, was er ihr beibringen wolle, würde sie glücklich machen.

Am Morgen schlief sie lange. Der Durst weckte sie. Die Strickdecke hatte auf ihrer nackten Haut ein unregelmäßiges Muster hinterlassen. Sie roch sich selbst. Ein Duft, der verriet, was sie in der Nacht getan hatte. Sie erinnerte sich, dass es schön gewesen war ihr Selbstversuch mit Kieselstein.

Auszug aus »Perle um Perle«, erschienen im konkursbuch Verlag Claudia Gehrke, Tübingen

Liebeskugeln, Lichterketten und Lametta

»Jemand zu Hause?«, rief Carolin in Richtung Wohnzimmer, aus dem ein matter Schein leuchtete, der kaum bis in den Flur reichte. Das Einzige, was zu hören war, war das knarzende Parkett, als sie sich auf den Stuhl fallen ließ, um die warmen Winterstiefel auszuziehen und in die Lammfellpuschen zu schlüpfen. Sie hatte die Hoffnung gehegt, es wäre bei diesem Wetter anders. Draußen wirbelten Regen und Schneeflocken durcheinander. Eine Mischung, die jeden Menschen mit gesundem Verstand auf dem kürzesten Weg nach Hause trieb. Nur Frieder nicht, den hatte es wohl dennoch nach draußen gezogen.

Von ihrem Platz aus sah sie das Minibäumchen, um dessen Stamm und Äste sich eine Lichterkette mit kleinen Lämpchen wand. Auf einem ihrer gemeinsamen Herbstspaziergänge hatten sie am Rande einer Obstbaumwiese aufgestapelte Äste von einem Rückschnitt entdeckt. Einen dieser bizarr geformten Äste, an dem getrocknete Flechten saßen, hatten sie mitgenommen. Da Frieder ihn hochkant auf eine Eisenplatte montiert hatte, sah er wie ein kleiner kahler Baum aus. In dessen Verzweigungen hatte Carolin eine stattliche Anzahl von Glasvögeln gesetzt, die sie im Laufe der Jahre zusammengetragen hatte. Daneben standen noch die Kisten mit der Weihnachtsdekoration, die sie aus dem Keller geholt hatte, um ihre eher reduziert eingerichtete Wohnung in ein stimmungsvolles weihnachtliches Refugium zu verwandeln. Weihnachtszeit war für sie eine verzauberte, magische Zeit. Ihr war es egal, dass es erst Mitte November war. Ihr setzte die kalte, dunkle Jahreszeit so zu, dass sie mit Lichtern, Glitzer und Weihnachtskitsch dagegenhielt. Ihrem Mann hingegen war es nie zu nass oder zu kalt. Sie stellte sich vor, wie er in seiner winterfesten Laufkleidung, mit Leuchtstreifen an Beinen und Armen, kreuz und quer durch den Stadtpark hechelte, weiße Atemluft ausstoßend, wie eine Dampflok, gleichmäßig und stetig vorwärtstrabte. Obwohl, kreuz und quer klang planlos. Und das war Frieder nicht. Er war planvoll, verfolgte seine Ziele hartnäckig und strukturiert.

Dank dieser Eigenschaften hatten sie diese großzügige, sehr begehrte Gründerzeit-Wohnung am Rande des Stadtparks beziehen können. Alles war vom Feinsten: Die Stuckdecke, die hohen Fenster mit Sprossen, die großzügigen Räume, die zweiflügeligen Zimmertüren.

Okay, nicht alles. Das Parkett war alt und der Staub sammelte sich in den Ritzen. Die Fenster waren nicht so gut gedämmt wie in Neubauwohnungen, die Heizkosten waren hoch. Vor allem in der kalten Jahreszeit, denn Carolin mochte es warm.

Ein Glück, dass sie beide gut verdienten. Sie hatten sich beim Jura-Studium kennengelernt. Kaum zu glauben, dass dies schon acht Jahre her war. In einem Seminar waren sie heftig aneinandergeraten. Es ging über die Frage, inwieweit sich die Justiz in das Intimleben der Menschen einmischen darf. Später stellte sich heraus, dass sie sich missverstanden hatten. Ein Segen! Denn Carolins Libidofrau war sofort entzückt gewesen, als sie diesen großen schlaksigen Kerl entdeckt hatte. Er verriet ihr später, dass er von ihrem Kampfgeist genauso fasziniert gewesen war, wie von ihrem ungestümen braunen Haar.

Ja, sie hatten eine stürmische Zeit erlebt, mit unendlichen Diskussionen, Sex, Wein und Reisen. Sie tobten sich richtig aus, bevor sie in Berlin, im angesagten Prenzlauer Viertel sesshaft wurden und ihre Zeit in ihre Karrieren steckten. Sie arbeitete in der Rechtsabteilung eines Großklinikums. Frieder prüfte in einer namhaften Bank, wo das Risiko-Potential von neuen Produkten lag.

Sie verstand, dass er beruflich unter hohem Druck stand. Doch auch sie hatte eine große Verantwortung bei der Umsetzung von gesetzlichen Neuregelungen im Medizinrecht. Außerdem stand sie zwei Tage in der Woche als vertrauliche Ansprechpartnerin für die Belegschaft zur Verfügung. Als Ausgleich bevorzugte Frieder zu joggen, sie die Stille des Yogas. Sie schlüpfte in ihre bequeme Yogakleidung und rollte ihre Matte aus.

Sie sah sich selbst im Flachbildschirm gespiegelt, der wie die moderne Version des schwarzen Vierecks von Kasimir Malewitsch an der Wand hing. Ihr Haar ließ sich immer noch schwer bändigen. Durch die Luftfeuchtigkeit kringelte es sich wild und unberechenbar in alle Richtungen und ließ sie deutlich jünger als dreißig aussehen. Ihre vollen Lippen formten sich kurz zu einem Kussmund für ihr Spiegelbild, dann schaltete sie den Youtube Kanal Yoga mit Nancy Norris ein. Schon stand ihr eine große Auswahl an Yoga-Einheiten zur Verfügung: Ganzkörper Flow, Bauch- und Balance-Training, Sonnengruß, Abendroutine zum Erden und Zentrieren und viele mehr. Beim Durchswitchen entschied sie sich für das wärmende Herbst-Yoga, eine Einheit von fünfunddreißig Minuten. Sie ahnte, dass ihre Oberschenkel später von den vielen Krieger-Übungen brennen würden. Gegen Ende der Einheit lag sie auf dem Rücken, die Arme zur Seite abgelegt. Mit der nächsten Ausatmung ließ sie die Beine im rechten Winkel zum Oberkörper nach links auf den Boden sinken. Den Kopf drehte sie nach rechts. Sie schloss die Augen und atmete tief ein und aus. Obwohl sie wahrnahm, wie sich der Schlüssel im Schloss bewegte, hielt sie die Augen weiter geschlossen und blendete alle weiteren Geräusche aus. Erst als kalte Wassertropfen auf ihre Haut fielen, quietschte sie vor Schreck und riss die Augen auf. Neben ihrer Matte stand der durchgeschwitzte Frieder und schüttelte die zu Eiskristallen verwandelten Schneeflocken, die sich an seinem Stirnband und der Kleidung festgesetzt hatten, auf sie herunter rieseln. Was besonders fies war, da sie sich aus ihrer Entspannung heraus nicht rasch aufrichten konnte.

Frieder lachte. »Machst du noch die Neck & Shoulder-Stretch Einheit mit?« Dabei massierte er seinen Trapezius Muskel. »Ich bin wieder so verspannt.«

So standen sie in ihrem gemeinsam eingerichteten Wohnzimmer noch zehn Minuten nebeneinander auf den Matten und dehnten ihre Körper. Zum Schluss legten sie sich auf den Rücken, spreizten die Beine mit gebeugten Knien, fassten die Fußaußenkanten mit den Händen. Die Fußsohlen zeigten dabei zur Decke. In der Haltung des ›glücklichen Kindes‹ lachten sie sich an. Glückliche Kinder waren sie nicht mehr. Sie würde sich als glückliche Erwachsene bezeichnen, gäbe es da nicht die eine Sache. Sie wäre sehr gerne auch eine glückliche Mutter.

»Soll ich uns eine schnelle Pasta machen? Mit Oliven, Tomaten und Parmesan?«

»Super Idee. Ich gehe vorher noch duschen.«

Er verschwand Richtung Badezimmer und sie in die große Küche. Sie war das Herzstück ihrer Wohnung. Hier war es im Winter warm und im Sommer kühl. Die Luft war erfüllt von dem Geruch mehrerer mit Nelken gespickten Orangen. Der Boden besaß noch die originalen graublauen Steinzeug-Fliesen. An der einen Seite stand ein Büfettschrank aus Naturholz. Hier war ihr gesamtes Geschirr untergebracht. Auf der anderen Seite stand der Herd, umgeben von Regalen mit Kochutensilien und Gewürzen. Mit Grausen dachte sie an die zehn Quadratmeter kleine Küche ihrer Kindheit. Versehen mit Ober- und Unterschränken war alles praktisch und auf die Funktion des Kochens reduziert. Frieder und sie zelebrierten dagegen das gemeinsame Zusammensein in der Küche. Die viele Arbeit, die in einem guten Gericht steckte, sollte nicht einfach achtlos heruntergeschlungen werden. War zumindest ihre Ansicht. Der gescheuerte Holztisch mit Stühlen für eine große Familie lud zum Essen, Plaudern und Feiern ein. Außerhalb der Essenszeiten breitetet sie ihre Unterlagen darauf aus, um zu arbeiten oder sich miteinander zu besprechen.

Sie band sich eine Schürze um, setzte einen Topf mit Wasser auf, rührte ein paar Zutaten zu einer Soße zusammen und rieb den Käse.

Als Frieder im bequemen Kapuzenpullover und Jogginghose die Küche betrat, schob sie ihm die Flasche Primitivo von letzten Italienurlaub hin.

»Machst du ihn auf?«, bat sie.

»Klar, nur trinke ich nicht mit. Ich habe mich mal kundig gemacht. Nach dem Sport ist Alkohol schlecht für den Muskelaufbau. Ich habe meinen inneren Schweinehund schließlich nicht besiegt, um dann den Trainingserfolg gleich wieder zu ruinieren.«

Mit leisem Ploppen glitt der Korken aus der Flasche. Die purpurrote Flüssigkeit gluckerte ins Glas.

Sie nahm einen Schluck. »Ist doch herrlich, bei diesem Sauwetter einen wohltemperierten Wein zu genießen.« Sie seufzte sehnsuchtsvoll. »Bringt die Sonne aus Apulien zurück.«

Sie goss die Spaghetti ab und hörte Frieder das Besteck auflegen.

»Musst du noch was arbeiten oder hast du Fragen?«, kommentierte sie den Stapel Papier, den er an seinen Platz gelegt hatte. Da sie beide Juristen waren, sprachen sie auch über die Fälle, mit denen sie zu tun hatten. Beide wussten den Austausch über Fachthemen zu schätzen.

»Ich habe eine Liste der interessanten Marathonläufe ausgedruckt – Paris, Berlin, Salzburg – die will ich alle im kommenden Jahr als Halb-Marathon laufen.«

»Puhhh!«, war ihr erster Kommentar dazu. Inzwischen standen die gefüllten Teller auf dem Tisch.

»Du magst doch Städte-Urlaub. Dann kannst du auf Sightseeingtour oder shoppen gehen und ich laufe meine Kilometer. Es wäre allerdings schön, du würdest kurz vor dem Ziel am Straßenrand stehen und mich anfeuern.«

»So wie letztes Jahr in München?« Sie lachte. Da hatte sie ihn am 15-km-Punkt mit einer kleinen Einlage im Cheerleader-Kostüm und mit lila Pompoms in der Hand überrascht. Die Metallfäden hatten in der Sonne geglitzert, als sie diese enthusiastisch schwenkte und ihn laut anfeuerte. Sie war ein Hingucker gewesen: in weißen Turnschuhen, Kniestrümpfen, kurzem Rock und bauchfrei. Ihre Haare hatte sie zu zwei Rattenschwänzen hochgebunden. Ja, sie sah aus wie ein College-Girl. Am Abend hatte sie das Kostüm noch einmal für ihn ganz privat angezogen.

»Ich habe schon mal einen Trainings-, einen Ernährungs- und einen Urlaubsplan aufgestellt.« Er legte Gabel und Löffel beiseite und reichte ihr ein Blatt.

Woche 45, 46, 47 stand in der ersten Spalte und welche Strecke er wie gelaufen war – langsam, locker oder in Intervallen. Darauf folgten die Spalten Streckenlänge, Dauer, Tempo und Pulswert. Deshalb verliefen seine letzten Wochen nach diesem festen Rhythmus: Heimkommen, Büroklamotten runter, Sportkleidung an und loslaufen, egal bei welchem Wetter. Danach folgten eine Dehneinheit mit Nancy, der Youtuberin und eine heiße Dusche. Nach dem Essen und gemeinsamer Hausarbeit – sie hatten sich darauf geeinigt, dass es am fairsten sei, wenn jeder die gleiche Stundenzahl damit verbrachte – ging er meist sofort ins Bett. Kaum dass sein Kopf ins Kissen sank, schlief er ein. Wie eine Zuschauerin in einem Film blickte Carolin auf die letzten Monate zurück und sah sie beide nebeneinander im Bett liegen, wie zwei Geschwister zu Besuch bei den Eltern.

»Interessiert dich noch mein Speiseplan, den ich ausgeklügelt habe?«

Er schob ein weiteres Blatt zu ihr herüber. Darauf waren proteinhaltige Mahlzeiten aufgeführt, diverse Smoothies und Zwischensnacks. So konnte aus ihrem Vorhaben, einen kleinen Menschen mit am Tisch sitzen zu haben, für den sie gemeinsam da sein wollten, nichts werden. Sie hatten darüber gesprochen, dass sie auch die Jahre der Müdigkeit und der Verantwortung miteinander teilen wollten. Auch, dass er einer der Männer sein wollte, die den Kinderwagen schoben, die ihr Kind an der Hand hielten, und das nicht nur samstags und sonntags. Das war schwerlich mit einem Mann zu realisieren, der Halb-Marathons lief. Sie bewunderte seinen Ehrgeiz, keine Frage, dachte aber zugleich, dass sie sich eigentlich über Elternschaft unterhalten sollten, anstatt über Proteine.

»Und wie lange geht das schon so?«

Schuldbewusst blickte Frieder zu seiner Frau. »Ich wollte nicht sofort darüber reden, ich wusste noch nicht, ob ich das Pensum durchhalte.«

»Und mich hast du erst gar nicht gefragt?«

»Dir hat es ja keinen Spaß gemacht.«

Stimmt. Als Frieder seine Begeisterung für das Laufen entdeckt hatte, war sie anfangs mitgelaufen. Nach ein paar Runden hatte sie es als zu anstrengend empfunden. Als er seinen ersten Halb-Marathon gelaufen war und dafür knapp drei Stunden gebraucht hatte, dachte sie, dass das Thema damit erledigt sei. Nun sollten also bis zum Sommer so ihre Abende und Wochenenden aussehen?

Die Digitalanzeige des Weckers zeigte 00 Uhr 05 Minuten. Carolin lauschte dem regelmäßigen Atem von Frieder. Sie hingegen wurde von einer nagenden Sehnsucht wachgehalten. Da lag ein topfitter, durchtrainierter Mann neben ihr und wusste mit seinem Körper nichts anderes mehr anzufangen, als zu rennen. Vorsichtig kuschelte sie sich an seinen Rücken und sog den Duft seines Duschgels ein. Wie vertraut nach acht Jahren Beziehung alles war. Was sie gleichermaßen schön und frustrierend fand. Sie sehnte sich nach hemmungslosem Sex, wie sie ihn in ihrer Anfangszeit hatten. Allein könnte sie jetzt hunderte von Orgasmen haben. Doch wenn er neben ihr schlief, traute sie sich nicht, sich anzufassen. Okay, es gab nicht nur atemberaubenden Sex, da verklärte sie die Vergangenheit. Bis sie sich besser kannten, erlebten auch sie verunsichernde Patzer, Berührungen, die nicht nur angenehm waren oder Stellungen, die eher akrobatisch als erotisch waren. Doch im Großen und Ganzen war ihr Sex völlig in Ordnung gewesen. Vielleicht war das ihr Problem, dieses »völlig in Ordnung!« Frieder suchte Herausforderungen und diese fand er nicht im Bett. Wie sollte sie es anstellen, dass er die Leidenschaft, zu der er fähig war, wieder für sie beide entwickelte?

Sie könnte sich als Weihnachtsengel verkleiden oder als Weihnachtswichtel. Sie hatte da witzige Leggins im Internet gesehen – rotweiß gekringelt, mit Schleifen oberhalb der Knie und wenn ihm doch das Cheerleader-Kostüm so viel Spaß gemacht hatte… Doch sie verwarf den Gedanken gleich wieder – Sex kann auch schiefgehen. Sie dachte da an eine Geschichte von Babsi. Sie hatte sich letztes Jahr zum Nikolaustag in rote Unterwäsche geworfen, was schon ein guter Gedanke gewesen war. Als ihr Freund Lars nach Hause kam, hatte sie sich noch keck eine Weihnachtsmütze mit Glöckchen aufgesetzt. Er lachte! Ja, er fand es witzig, jedoch nicht erotisch.

Wie wäre es mit einem Sextoy, mit dem sie ihr Liebesleben wieder aufregender gestalten könnten? Besser noch, ganz viele, ja, genau, mit vierundzwanzig Stück – ein Adventskalender! Dieser Gedanke ließ ihren Nacken kribbeln. Das war ein gutes Zeichen.

Vorsichtig stand sie auf, tapste ins Wohnzimmer, nahm ihr Notizheft und einen Stift, setzte sich aufs Sofa, wickelte sich in die Strickdecke und begann im gedimmten Licht der Stehlampe eine Liste mit Geschenken, die unbedingt in den Kalender sollten: ein Massageöl, eine Maske, ein Gutschein für einen Tantra-Kurs. Am Ende hatte sie fünfzehn verschiedene

Dinge notiert, die sie ziemlich aufregend fand. Für so manches Geschenk würde sie ganz schön Mut brauchen – bei den einen, um sie überhaupt zu kaufen, bei anderen, um sie Frieder im Kalender zu präsentieren. Letztere verrieten nämlich so manchen Wunsch, den sie Frieder nie anvertraut hatte. Der Gedanke an all die Möglichkeiten versetzte sie in einen prickelnden Rausch. Leise kroch sie wieder zurück ins Bett und lag lange wach, weil sie zu aufgekratzt war.

30.11. Der Einkauf

»Hey, wie geht´s?«, fragte Babsi. Sie stand mit einer Tasse Cappuccino in der Kaffee-Ecke des Verwaltungsgebäudes des Klinikums. Babsi und Carolin kannten sich seit dem Studium und waren sich hier wieder begegnet. Die Jura-Studenten gingen damals gern zum Feiern auf den Campus der Medien-Studenten, denn sie hatten definitiv die besseren Feste. Babsi hatte damals halb belustig, halb, bewundernd über das Jurastudium hergezogen. Sie selbst hatte Event-Management studiert. Nun war sie für den Kulturbereich im Klinikum zuständig und organisierte Nachmittage mit Musik und Lesungen. Für die Wände im Café am Park fand sie interessante Künstler und Künstlerinnen. Auch hatte sie ein kleines Mitmachprogramm organisiert, das vom heilsamen Singen bis zum gemeinsamen Handarbeiten reichte. Das Klinikum verfügte nicht nur über fünf sektorübergreifend arbeitende Kliniken mit insgesamt über siebenhundert Betten und einen großen, gepflegten Park, sondern auch über einen sehr schönen Veranstaltungssaal.

Carolin drückte die Taste für den doppelten Espresso. Die Flüssigkeit floss duftend auf die aufgeschäumte Milch und färbte sie schokoladenbraun.

Vorsichtig trug sie die volle Tasse zum Stehtisch direkt vor das bodentiefe Fenster, das einen herrlichen Blick auf den Park freigab. Zwischen beschneiten Bäumen schlängelten sich vom Schneematsch grau gefärbte Wege. In den Ästen hingen bereits überdimensionierte Weihnachtskugeln in Rot und Gold. Auf den im Winter trostlos aussehenden Blumeninseln standen Rentiere mit Schlitten, überdimensionierte rotweiße Zuckerstangen und Schneemänner. Dank LED-Technik leuchteten sie in den Abendstunden und boten den Patienten ein wenig Weihnachtsstimmung. Auf dem Stehtisch stand schon ein mit Goldstaub besprühter Blumentopf, auf dem ein geflochtener Kranz aus Weide und Stroh lag, mit Tannenzapfen beklebt. In der Mitte lag als Krönung eine silberne Weihnachtskugel. Solche Töpfe waren im ganzen Haus verteilt. Nur die Farben der Kugeln variierte. Es war erstaunlich, wie hoch der Schwund am Ende des Jahres war.

»Wie findest du Adventskalender?«, fragte Carolin.

»Ich mag die Weihnachtszeit – leider zu sehr.« Babsi schlug sich auf die Hüften. »Jedes Jahr kommen da ein bis zwei Kilo auf mein Hüftgold und bleiben dann bedauerlicherweise auch.« Sie lachte. »Was meinst du, wie viele Weihnachten werde ich noch einigermaßen schlank erleben? Ich bin jetzt zweiunddreißig und die Lebenserwartung von Frauen liegt aktuell bei vierundachtzig Jahren.« Es zeigte sich eine kleine Denkfalte zwischen ihren Augenbrauen. »Das wären zweiundfünfzig Kilo Gewichtszunahme, bis ich sterbe.«

Als Antwort schob Carolin ihr die Hälfte ihres mit Bitterschokolade überzogenen handtellergroßen Lebkuchens hin, von dem sie gerade ein Stück abgebissen hatte.

»Ansonsten finde ich Kalender immer eine gute Idee«, plauderte Babsi in leichtem Ton weiter. »Früher habe ich mir viel Mühe gegeben. Einmal habe ich Lars ein paar Handschellen mit reingeschmuggelt. Nur einmal hatten sie einen Einsatz. Seitdem liegen sie nutzlos in der Schublade.« Sie seufzte. »Nach ein paar Jahren lässt der Eifer eben in vielerlei Hinsicht nach. Ich mache Lars dieses Jahr einen Bier-Kalender. So ändern sich die Zeiten. Es gibt doch den Craftbier-Laden in der Schönhauser Allee. Da werde ich schon vierundzwanzig verschiedene Sorten finden.«

»Ich will Frieder auch einen Kalender machen.« Carolin schaute sich um. Zwei Kollegen standen ein paar Meter entfernt, ansonsten war die Kaffee-Ecke leer. Sie schob Babsi ihre Liste hinüber.

»Klassenstreberin!«, sagte sie und lächelte ein bisschen, um dem Wort die Schärfe zu nehmen. »Oha, da hast du dir ja was Spezielles vorgenommen. Sexspielzeug im Advent! Kann es sein, dass du das mit dem ›Fest der Liebe‹ zu wörtlich nimmst?«

»Anscheinend freuen sich Männer darüber.«

»Männer ganz allgemein oder Frieder?«

»Das wird sich zeigen«, wich sie aus, da sie die Antwort selbst nicht kannte. »Nun ist die Frage, wo ich all das herbekomme. Ich will nicht online bestellen. Schließlich entscheiden auch die Form und der Geruch, ob ich das Produkt an mich ranlassen will. Aber ich will auch nicht in einen Laden mit dunkelroten Vorhängen und schummriges Licht gehen. Ich hatte gehofft, dass du …«

»… was weißt. Ja, klar. Es gibt da einen Laden, geführt von Zwillingsschwestern, sie nennen sich Love-Sisters. Sie haben sogar vegane Sextoys. Frei nach dem Motto: Für den eigenen Körper nur das Beste.«

»Du nimmst mich auf den Arm.«

»Nein. Wenn ich es dir sage.«

»Vegan?«

»Vegan und chemiefrei, ich schwöre! Schließlich will die Kundschaft, die ihre Eier vom Ökohof holt, die Portion Chemie nicht über das Gleitgel in den Körper lassen. Öko ist schließlich eine Lebenseinstellung. Wer Schuhe und Gürtel aus veganem Leder trägt, macht auch bei den Peitschen keine Kompromisse.«

Carolin lachte. »Und der Süßen damit den Hintern zu versohlen, gilt dann als fair gehandelter Öko-Sex?«

»Hüstel, hüstel, wer sagt denn, dass es immer die Frau sein muss, die den devoten Part genießt?« Babsi schaute Carolin gespielt streng an. »Wo schlägt da dein feministisches Herz?«

Carolin wurde tatsächlich rot.

»Wobei, das mit der Chemie ist wohl gar nicht so ohne. Für Sexprodukte gilt keine Verordnung bezüglich der Inhaltsstoffe, ebenso wie es lange keine Einschränkung bei den Weichmachern für Kinderspielzeug gab. Ohh wie grausam, stell dir mal vor, mitten im tollsten Liebesspiel, erleidest du plötzlich eine allergische Reaktion in deiner Muschi. Nein danke, darauf kann ich gut verzichten und gebe lieber etwas mehr aus.«

»Okay, ja, verstehe, genauso denke ich auch.«

Babsi studierte mittlerweile die Liste für den Kalender. »Was ist los bei euch? Flaute im Bett? Ich dachte, ihr seid das Traumpaar schlechthin. Du hast mir doch erzählt, dass ihr nicht mehr verhütet, weil ihr ein Baby möchtet.«

Carolin zuckte innerlich zusammen. Damit hatte Babsi einen wunden Punkt getroffen. Sie wollte unbedingt Kinder, schließlich war sie über dreißig, saß beruflich fest im Sattel, Frieder auch. Die Wohnung war groß genug und sie hatten auch darauf geachtet, dass Kindergarten und Schulen in der Nähe waren. Ihre wildesten Zeiten hatten sie hinter sich, sie waren erwachsen geworden. Langsam könnte eine Familie aus ihnen werden. Es gab nur ein Problem: Sie hatten keinen Sex mehr. Ob es da einen Zusammenhang gab? Hatte Frieder kalte Füße bekommen? Nein, nicht Frieder, wehrte sie diesen Gedanken gleich wieder ab. Er hatte eben gerade nicht so viel Lust. Kein großes Ding daraus machen, war ihre Devise gewesen. Doch jetzt wollte sie alles, von dem sie je geträumt hatte, in den Kalender packen und damit ihr Sexleben wieder anschieben, damit der Schnellste von Frieders kleinen Schwimmern endlich ihre Eizelle fand. Unabhängig davon, dass sie Sex mochte, war dies ein wichtiger Grund für den Kalender. Ob Frieder gleich bemerken würde, welche Absicht hinter ihrem Kalender-Geschenk steckte?

»Ihr habt doch darüber gesprochen?«

»Klar! Wir sind uns einig, dass es der richtige Zeitpunkt ist.«

»Wozu dann das ganze Zeug?«

»Es ist ein heikles Thema.«

»Aha! Ihr seid also nicht jede Nacht damit beschäftigt, fabelhafte Babys zu machen und du willst das ändern?«

»Frieder sagt, er freue sich auf die Schwangerschaft, da wären die Frauen oft sehr sinnlich, hätten große Brüste und so.«

»Woher will er denn das wissen?«

»Wer weiß? Vielleicht steht so was nun in den Männerzeitschriften?

Schließlich gehen diese auch mit der Zeit. Früher gaben sie Tipps, wie man eine Frau ins Bett kriegt und heute, wie man mit ihr umgeht, wenn man sie darin hat.«

»Statt work hard, play hard wird jetzt achtsam geliebt und meditiert?« Babsi leckte den Milchschaum von ihrem Löffel. »Ich kann dir jedenfalls zur Vorbereitung ein Yoni-Ei aus Rosenquarz empfehlen. Stein der Weisen war gestern – heute suchen wir das Wundermittel für den exorbitanten alles aus den Angeln hebenden Sex.« Babsi lachte schallend. »Rosenquarz soll eine aphrodisierende Wirkung haben. Ob es daran liegt? Keine Ahnung. Auf jeden Fall steigert dieses verdammte Ei die Lust. Definitiv. Ich trage es gerade. Gleichzeitig ist das mein heimliches Work-out.« Schon begann sie auf- und niederzuhüpfen. Als sie den Hampelmann klatschte, sahen die beiden Kollegen irritiert zu ihnen hinüber.

»Trainiert die Beckenbodenmuskulatur«, japste Babsi. »So ein Stein-Ei ist ziemlich schwer. Am Anfang konnte ich das Gewicht kaum halten.«

Carolin schaute ihre Freundin zweifelnd an. Wenn sie sich mit so einem Ei vorbereiten würde, wäre das am Abend ziemlich frustrierend, außer sie würde sich für Liebe mit sich selbst in die Badewanne zurückziehen. Ihr nicht mehr vorhandenes Sexleben lag an mangelnder Lust von Frieder. Endlich blieb Babsi schnaufend stehen.

»Jetzt habe ich kraftvolle Liebesmuskeln. Das Rosenquarz-Ei muss unbedingt mit auf die Liste! Es sorgt für intensive Orgasmen. Und du kannst damit schon für die Schwangerschaft trainieren.«

»Nicht so laut, die Zwei da drüben spitzen schon die Ohren. Sag schon, wo ist dieses Geschäft?«

In ihrer Mittagspause machte sich Carolin auf zur genannten Adresse. Es war ganz in der Nähe und so ging sie zu Fuß. Der Name Love-Sisters, der als Ladenschild an der Hauswand angebracht war, verriet nicht, dass es sich um eine Boutique Erotique handelte. Da die Scheiben aus Milchglas waren und so gut wie keinen Einblick gewährten, könnte es sich auch um eine Beratungsstelle für Lesben handeln, eine Praxis für Sexualtherapie oder ein feministischer Treffpunkt. Die gläserne Tür war mit einer historisch nachempfundenen Türrosette bedruckt. Carolin spähte wie durch ein echtes Schlüsselloch ins Ladeninnere. Ihr Blickfeld war eingeschränkt. Sie konnte nicht mehr erkennen als ein Chippendale Sofa, eine Ladentheke über der Glaslampen in unterschiedlichen Höhen von der Decke hingen und eine mit einer Federboa, einer Maske und einem enganliegenden Kleid ausgestattete Puppe. Das war wirklich raffiniert. Wie sie hier neugierig hineinspähte, kribbelte schon ihr Nacken.

Sie öffnete die Tür und der Luftzug blies ihr den Duft von Tausend und einer Nacht entgegen. Eine Glocke kündigte den Inhaberinnen an, dass gerade jemand die Schwelle von der Alltagswelt in die Welt der Lust übertrat. Überwältigt von der Fülle und der Hitze, die der Anblick all dieser Herrlichkeiten in ihr auslöste, blieb sie einige Minuten reglos stehen. Ihre Nase filterte aus dem Geruchscocktail Jasmin, Vanille, Rose und Zeder heraus. Der olfaktorische Cocktail ging von einem Regal mit Massageölen, Kerzen und Badezusätzen aus. Wie findig die Menschen doch sind! Anerkennend hüpfte ihre Libidofrau auf und ab.

»Kann ich helfen?« Mit diesen Worten trat eine Frau aus dem hinteren Bereich auf sie zu. Sie trug ein Haarband, auf dem in glitzernden Buchstaben Love-Sister stand, ein eng geschnittenes Uniformkleid und türkisblaue High Heels. Ihre Ausstrahlung war freundlich und offen. Sympathisch fand Carolin auch sofort, dass sie vermutlich so um die Vierzig war. Ein Alter, in dem eine Frau schon einiges erfahren hat und der sie sich gut anvertrauen konnte.

»Sie haben hier wundervolle Sachen – ich kann mich gar nicht sattsehen.« Sie ließ den Blick an dem Ständer mit Dessous entlang schweifen.

»Danke! Wir suchen ständig nach hübschen Dingen, die das Liebesleben aufregend und überraschend gestalten. Suchen Sie etwas Bestimmtes?«

»Ich will, dass mein Mann wieder zu dem leidenschaftlichen Liebhaber wird, der er mal war. Früher schafften wir es kaum bis ins Schlafzimmer, so scharf waren wir aufeinander.« Sie lächelte schief. »Heute ist es sehr ruhig im Bett geworden. Ich will, dass er über mich herfällt, kaum dass er mich sieht.«

Was der Frau ein herzliches Lachen entlockte. »Guter Wunsch – wir haben einiges gegen die Langeweile.«

»Ich dachte an 24 kleine Geschenke.«

»Wie wäre es mit diesem Adventskalender?« Sie deutete auf eine Box, die wie ein aufgeklappter Mini-Schrankkoffer gestaltet war, dessen Innenleben aus unterschiedlich großen Schachteln in Schwarz, Tannengrün und Gold bestand. Die Box stand auf der langen Ladentheke unter Tannenzweigen, die aus einer Vase ragten und mit Christbaumschmuck behängt waren, der sie schmunzeln ließ: Männertorsos mit goldenen Stringtangas, Frauentorsos in Korsetts geschnürt, Gurken mit roten Mützen.

»Er enthält Gleitmittel- und Pflegeprodukte. Spielzeuge, auch etwas in Richtung Soft-BDSM. Humorvolles. Eine gute Mischung finde ich. Manches ist für Ihn, anderes für Sie oder für Beide. Jede einzelne Überraschung wird nicht nur die Vorfreude auf Weihnachten steigern, sondern auch auf intime Stunden.«

»Ich habe eine Liste gemacht. Allerdings wusste ich da noch nicht, wie viele tolle Sachen es gibt.« Carolin holte den Zettel aus der Tasche. »Soll ich mal vorlesen? Massageöl …« Sie brach ab. Klang nach Standard und banal. Ausgerechnet das Naheliegendste hatte sie zuerst genannt. Das war wie in einem Feinkostladen nach Salz zu fragen, wo es doch Fleur de Sel, Pazifiksalz, Black Lava, und vieles mehr gab.

»Darf ich Ihnen erst einmal zeigen, was in den 24 Schachteln zu finden ist?«, kam ihr Love-Sister zu Hilfe. Carolin nickte.

»Wenn Sie mir bitte folgen möchten.«

Love-Sister führte sie vor ein Regal bestückt mit Toys in allen Formen und Farben. Es gab Delphine und Blüten, Gelbe und Blaue, stylisch designte neben realistischen Formen. Der Anblick erhöhte ihren Pulsschlag.

»Diese Produkte sind nicht identisch mit denen im Kalender. Aber ich kann Ihnen anhand dieser Auswahl die verschiedenen Einsatzmöglichkeiten erklären. In einer Schachtel ist ein Vibro-Ei wie dieses. Ein charmanter, unauffälliger Vielkönner mit Fernbedienung, der von soft bis heftig regulierbar ist und garantiert jede Frau auf Hochtouren bringt.« Love-Sister legte das Ei in Carolins Hand. Das Material war angenehm und die Vibrationen deutlich zu spüren. »Männer mögen dieses Toy.«

Oh ja, das verstand Carolin. Auch Frieder übernahm ab und zu gern die Kontrolle. Allerdings fand sie den Gedanken diese an ihn abzugeben, auch sehr reizvoll.

»Übrigens sind die meisten Spielsachen via USB-Ladekabel aufladbar.

Batteriewechsel bleibt dir also erspart. Die Ladekabel werden selbstverständlich mitgeliefert.« Noch während ihrer Erklärung nahm Love-Sister das nächste Toy von einem Ständer. »So ähnlich sieht dann die Überraschung für den Vierundzwanzigsten aus. In der Dimension kleiner, aber auch mit starker Wirkung – ein Magic Wand «

»Ein Zauberstab? Sieht eher aus wie ein Mikrofon. Wozu ist das?«, fragte sie Love-Sister und deutete auf den abgerundeten Kopf.

»Darin steckt der Motor.« Sie drückte auf den Anschaltknopf und der Kopf des Stabs begann heftig zu vibrieren. »Entwickelt wurde der Magic Wand zur Lockerung von Rücken- und Nackenverspannungen.«

Carolin wollte die Hand darauflegen, doch Love-Sister war schneller und hatte ihn bei sich im Nacken angesetzt. Der Motor summte ganz leise. »Durchdacht und effektiv.«

Während Carolin zusah, wie sich das Gesicht der Inhaberin entspannte, war ihr klar, dass Frieder von diesem Massagestab weit mehr begeistert sein würde als von dem Ei mit Fernbedienung.

»Es gibt eine nette Geschichte über diesen Stab. Kennst du noch die Serie ›Sex in the City‹?« Love-Sister schien die Massage selbst gerade sehr zu genießen.

Als Carolin nickte, erzählte sie weiter. »In einer Folge reklamiert Samantha Jones, dass ihr Wand kaputt sei, er würde ihr keine Orgasmen mehr bescheren.« Love-Sister lachte. »Danach setzte der Run auf das Gerät ein.«

Was für traumhafte Massagen damit möglich waren! Bei Frieder würde sich sein ewig verspannter Nackenmuskel lösen und sie würde den Stab wie Samantha einsetzen. Bei dem Gedanken an die Vibrationen an ihrer Klitoris wurde ihr mehr als warm. Es war fast schon so, als würde sie diese direkt spüren. Love-Sister stellte den Magic Wand zurück und griff nach einem deutlich kleineren Toy. Das Tempo mit dem Love-Sister von einem Toy zum nächsten wechselte, machte Carolin fast schwindlig. Aber Love-Sister war in ihrem Element. »In einer weiteren Schachtel ist ein Utensil, so unentbehrlich wie ein Lippenstift, wage ich zu behaupten. Wir haben diese Mini-Vibratoren in allen Farben. Allerdings sind im Kalender alle Produkte in Gold-Schwarz gehalten. Auch das Etikett auf der Gleitgel-Flasche oder dem Balsam, der die Clit stimuliert.«

Noch mehr Stimulans hatte Carolins Klitoris gerade auf keinen Fall nötig, denn die Libidofrau tanzte wie verrückt herum. Nachdem Love-Sister ihr noch die Analkette, die Carolin innerlich gleich mit – ›bitte gegen etwas anderes austauschen‹ – markierte, und den Paardildo, den sie mit – ›oha das macht Frieder nie mit‹ – abhakte, wendeten sie sich dem Tisch mit den Fesseln, Nippelklemmen und Peitschen zu. Libidofrau rutschte das Herz in die Hose. Beim Anblick der Würfel und dem Körperschmuck lachte sie wieder.

Nach dem Rundgang war klar, dass dieser Kalender eine sehr gute Idee war. Er enthielt doch einiges von Carolins Liste und daneben Praktisches, an das sie nicht gedacht und Neues, das sie überhaupt nicht gekannt hatte. Das Beste fand Carolin, dass diese Soft-BDSM-Toys dabei waren und sie somit so – falls Frieder diese ablehnte – unschuldig mit den Schultern zucken und jede Absicht ihrerseits zurückweisen konnte. Nachdem sie für einige Dinge, die ihr nicht zugesagt hatten, noch Ersatz-Geschenke ausgesucht hatte, reichte ihr Love-Sister ein Buch.

»Wie wäre es noch mit etwas zum Vorlesen? Ich finde, das ist immer ein hervorragendes Stimulans. Dazu kann ich Ihnen Theater der Lust - Mut empfehlen. Darin sucht die Heldin, ähnlich wie Sie, eine Herausforderung. Vielleicht finden Sie darin weitere Ideen? Einige meiner Kundinnen haben mir verraten, dass sie sich gern von den Geschichten der Autorin anregen lassen, diese nachzuspielen.«

»Gut, okay.« Carolin zog sich in die Bücherecke zurück und begann in das Buch hineinzulesen: »Das klingt verrückt, absolut verrückt, was da steht. ›Attraktive Darstellerin für experimentelle Bühnenperformance gesucht. Rufen Sie an.‹

Natürlich wäre so ein Angebot nicht weiter auffallend, würde es in der Rubrik Beruf & Karriere stehen. Dort steht es aber nicht, sondern unter Liebe & Triebe. Die klare Typografie soll dem Aufruf wohl einen seriösen Anstrich geben. Doch die dazugehörenden tanzenden schwarzen Silhouetten sprechen eine andere Sprache. Noch verrückter ist, dass die Darstellungen mein Herz schneller schlagen lassen.«

Dann übersprang Carolin ein paar Seiten und las, dass diese Viktoria offensichtlich Nachholbedarf hatte – an Zuspruch, Abwechslung und Sex. Genau wie sie. Auch diese Viktoria tat etwas Verrücktes. Sie unterschrieb einen Vertrag bei Liliths Secret Theatre und betrat eine Welt voller Sinnlichkeit, Lust und Nervenkitzel.

»Oho«, dachte Carolin, »das will ich mit meinem Adventskalender auch erreichen.« Überall in ihr begann es zu prickeln.

Hastig las sie weiter und erfuhr, dass das Ensemble von Liliths Secret Theatre Hingabe und Unterwerfung, Verführung und Herrschaft szenisch verhandelte. Schon war sie entschlossen das Buch zu kaufen, um daraus Frieder vorzulesen. Als sie las, dass Viktoria auf der Bühne Sex mit mehreren Schauspielern und mit einer Art Fick-Maschine hat, klappte sie das Buch erschrocken zu.

Love-Sister fragte neugierig nach, was Carolin so erschreckt habe.

»Na ja, das mit der Maschine und diesem Fürsten.«

»Ahh, verstehe. Wenn man die Kapitel nur überfliegt, erschließt sich diese Szene nicht sofort. Es ist eine Fantasie von Viktoria. Lesen Sie mal das Kapitel von ›François Jugnots Handschuhe‹. Das ist so sinnlich, verführerisch und vor allem könnten Sie so etwas mit ihrem Mann erleben. Die nötigen Kleinigkeiten dazu haben Sie alle im Kalender.«

Carolin schaute auf die Uhr und erschrak. »Ich muss zurück zur Arbeit. Da Sie das Buch empfehlen, nehme ich es mit. Und das nehme ich auch.« Sie zupfte vom Tannenzweig in der Vase eine gläserne Dame in rotschwarzer Korsage und einen Männertorso.

Mit einer riesigen Tüte verließ sie die Love-Sisters. Ihre roten Wangen kamen nicht nur von der eisigen Kälte, die ihr sofort ins Gesicht biss. Nein, der Einkauf war so anregend gewesen, als hätte sie bereits wieder Sex mit Frieder gehabt.

Kalendertür 1

In der Nacht zum 1. Dezember wachte Carolin mit feuchter Pussy auf. Schweratmend erinnerte sie sich an den Traum. Er spielte in einem Dorf in einer archaischen Zeit. Zur Sonnenwende im Juni gab es ein Fest für die Menschen im heiratsfähigen Alter. Es wurde bis zum Sonnenuntergang getanzt und getrunken. Bis dahin hatten die Frauen Zeit sich den Mann auszusuchen, mit dem sie eine Partnerschaft eingehen wollten. Doch bevor man sich der Heiratszeremonie stellte, testeten die Frauen, ob Penis und Vagina zusammenpassten. Denn in dieser Gesellschaft legte man Wert auf lustvollen Sex. Wenn die Geschlechtsteile in Länge und Form zusammenpassten, wäre dies gewährleistet. Die Frauen hoben ihre Röcke und drehten dem auserwählten Mann den Rücken zu. Der Mann rieb seinen Schwanz an ihrem Po, bis er hart wurde. Dann drang er im Stehen von hinten in sie ein. Zeitgleich fuhr der Mann dabei der Frau mit einer langen Pfauenfeder über die Vulva. Von der Lust, die die Frauen – und sie in ihrer Fantasie – dabei empfanden, war Carolin wohl aufgewacht. Ohne zu masturbieren, schlief sie wieder ein.

Der 1. Dezember fiel auf einen Sonntag und war damit gleichzeitig der erste Advent. Der Tag, an dem traditionell ihre beider Familien zum Gänsebraten zu Besuch kamen. Frieder verzichtete selbst an diesem Tag nicht auf seinen Trainingslauf. Er war schon unterwegs. Im Radio spielten sie Weihnachtsklassiker. Laut sang sie den Refrain von Last Christmas mit, während sie gläserne Eiszapfen an die Vorhangstangen hängte. Nein, sie würde Frieders Herz nicht zurückgeben. Ganz im Gegenteil, sie wollte die Beziehung mit einem Kind krönen. Bei dem Gedanken wurde es ihr warm. Sie holte das riesige Paket mit dem Adventskalender aus der Abstellkammer, in der sie es versteckt hatte. Das stellte sie auf den Boden neben dem runden

Tisch, auf dem ein riesiger Adventskranz mit dicken Kerzen in Form von Fliegenpilzen thronte. Wie das Paket da so stand, eingewickelt in schwarzes Seidenpapier und mit einer goldenen Schleife versehen, sah es wertig und schön aus. Auf dem Esstisch breitete sie eine rote Samtdecke aus. Die Servietten rollte sie zusammen, band kleine Weihnachtskugeln drumherum und legte sie auf die Teller. Schnell noch ein paar Kerzen, die aussahen wie Baumstümpfe mit Schnee überzogen zwischen den Tannenzweigen und Zapfen verteilt, und fertig war ihre festliche Tafel.

Als Frieder nach einer Stunde wieder zuhause eintraf, bewunderte er ihr Dekorationstalent. Natürlich fiel ihm auch das Paket auf.

»Ist das schon für dein Patenkind?«, fragte er.

»Nein, es ist für dich.«

»Danke! Das öffne ich dann, wenn die Verwandtschaft da ist.«

»Nein, mein Liebster. Keine Zeugen«, bat Carolin und überreichte ihm das Geschenk.

Im Stehen entfernte er die Schleife und riss das Papier auf. Er klappte die Box auf. Sie war froh, dass die Schachteln in verschiedenen Größen, die wie bei einem gelungenen Tetris-Spiel lückenlos ineinandergeschoben waren, nur mit goldenen Zahlen bedruckt waren und keinen Hinweis auf die heißen Utensilien gaben, die sich in jeder einzelnen Schachtel verbargen.

»Dann werde ich die Eins gleich aufmachen.«

Wie er da im Jogginganzug stand, die Wollmütze noch auf dem Kopf und neugierig nach dem entsprechenden Päckchen suchte, ließ ihr Herz vor Freude und Zuneigung hüpfen. Unwillkürlich dachte sie an die Zeit, in der sie jeden Morgen nach dem Aufwachen, zu ihrem von der Mutter selbstgebastelten Kalender gelaufen war und nach der passenden Nummer gesucht hatte. Die Bilder der Vergangenheit flossen mit Bildern in der Zukunft ineinander. Sie sah ihr eigenes Kind, dem sie den allerschönsten Kalender basteln würde, und Glück durchströmte sie. Ja, die Weihnachtszeit war schon eine besonders schöne Zeit für sie, wie magisch musste der Advent erst mit Kindern sein?

Frieder hatte das Päckchen mit der Nummer eins gefunden und stellte den Kalender aufgeklappt wie ein Buch zurück auf den Boden. Aus der Schachtel zog er eine Fernbedienung mitsamt einem kleinen eiförmigen Gegenstand heraus. Noch wusste er nicht, was er in Händen hielt.

Mit sanfter Stimme gab sie ihm einen Hinweis auf den Gebrauch. »Es ist höchste Zeit uns beiden mal wieder richtig Feuer im Schlafzimmer zu machen.«

Seine Gesichtszüge erstarrten. Unter seiner Mütze schien es ihn zu jucken, denn er kratzte sich heftig die Kopfhaut. War er gerade noch erwartungsvoll, wirkte er wieder so gehetzt, wie die vergangenen Wochen, wenn sich Carolin an ihn gekuschelt und gefragt hatte, ob sie nicht mal wieder miteinander schlafen könnten. Er sah aus, als wollte er davonlaufen. Sie hielt die Luft an. Was wenn er ihr Angebot ablehnen würde? Daran hatte sie nicht gedacht.

Da öffnete er die Arme. »Komm her. Ja, ich weiß, ich vernachlässige da was.«

Erleichtert schlüpfte sie an seine Brust. Er streichelte ihr Haar. »Sind darin nun vierundzwanzig Sex-Booster zu entdecken?«

Sie rieb ihre Stirn an seinem verschwitzten Shirt. »Damit es nicht in der Schublade verschwindet ...«, sie dachte dabei an die Erfahrung von Babsi, »... öffnest du am Morgen eine Schachtel, und egal was drin ist, bis Mitternacht muss eingelöst sein.«

»Klingt vielversprechend«, sagte Frieder. »Wenn du bereit bist, alles außerhalb vom Schlafzimmer zu zelebrieren, nehme ich die Herausforderung an.«

Was sollte sie sagen? Das würde die Dosis an Aufregung um hundert Prozent erhöhen.

»Okay.« Sie nickte.

»Du bist wirklich bereit, das Ei heute Abend zu tragen, während deine und meine Eltern, deine beiden Nichten, deine Schwester und Tante Magda am Tisch sitzen?«

»Yepp!«, bestätigte sie den Deal.

»Dann gehe ich mal duschen. Ich bin in zwanzig Minuten bei dir. Es wird Zeit, mit dem Kochen anzufangen.«

Während Carolin der Weihnachtsgans obszön weit die Beine spreizte, um die Füllung durch die Öffnung in den Bauch zu stopfen. Dabei ging ihr so durch den Kopf, dass Frieders Lustlosigkeit vielleicht etwas mit dem gemeinsamen Entschluss zu tun hatte, nicht mehr zu verhüten. Einerseits sagte er, er wolle Vater werden, andererseits vermied er Sex, bei dem es passieren könnte. Ob sein Vorschlag, es nur außerhalb vom Schlafzimmer einzulösen, also gar nichts mit Luststeigerung, sondern mit Vermeidung zu tun hatte?

Frieder trat hinter sie und knabberte ihr Ohrläppchen an.

»Dann lass uns mal die Küche rocken.«

Da schämte sie sich für ihr Misstrauen.

Die Gäste trafen alle gleichzeitig und mit großem Hallo ein. Sie bewunderten mit »Ohhs« und »Ahhs« den Weihnachtsschmuck, den gedeckten Tisch und natürlich beäugten sie den Adventskalender. Die Sorge, dass darüber eine peinliche Befragung entstehen könnte, die Körperwärme der Gäste, der Begrüßungspunsch und das vibrierende Ei in ihrer Vagina heizten Carolin mächtig ein. Die Gespräche rauschten nur so an ihr vorbei. All ihre Zellen wurden durcheinandergewirbelt. Vor allem, weil Frieder sie wieder auf diese verschmitzte Art von früher anlächelte. Mit dem summenden kleinen Teil die Kürbiscremesuppe aufzutragen und den Gesprächen über typische Familien-Anekdoten zu lauschen, war eine ziemliche Herausforderung.

Frieder fand trotz all seiner Aufgaben - Getränke einschenken, Kerzen wechseln, sobald die Flammen dem Tannengrün zu nahekamen, immer wieder einen Moment, um in die Hosentasche zu greifen und den Rhythmus der Vibration zu ändern. Trotz aller prickelnden Ablenkung gelang es ihr, die vielen anderen Dinge zu erledigen, die sie als gute Gastgeberin im Blick behalten wollte: Ein fallengelassenes Messer auszutauschen, über einen Witz von Tante Magda zu lachen, obwohl er nicht so lustig war; auf den Rotweinfleck auf Papas Krawatte Salz zu streuen und den Mädchen Malsachen hinzulegen.

Ihre Schwester Nina half ihr beim Abtragen der Suppenteller. Der köstliche Duft der braun gebrutzelten Gans hatte sich in der gesamten Küche ausgebreitet.

»Hey Schwesterlein, das scheint mir ein interessanter Kalender zu sein. Komm, verrate mir, was da drin ist.«

Wie die Stromschnelle umschiffen? Da begannen sich Ninas Töchter zu zanken und Nina eilte hinaus, um zu schlichten. An das Büfett gelehnt, schloss Carolin für einen Moment die Augen. Frieder kam in die Küche, um die Gans zu zerlegen.

»Ich muss dich leider stören«, sagte er. »Das Tranchiermesser ist in der Schublade.«

»Diese Art von Stimulus ist großartig«, sagte sie und rückte zur Seite. »Und herausfordernd bei all dem Trubel.«

»Welch süße Qual. Da geht noch mehr.« Er holte die Fernbedienung aus der Hosentasche. »Zehn Vibrationsstufen, testen wir sie doch einmal durch.«

»Was machst du mit mir?«, versuchte sie ihn abzuwehren. Schon war Tante Magda zu Stelle.

»Was macht er mit dir, mein Kindchen?«

»Nichts. Alles ist gut.«

»Und was machst du mit der Fernbedienung?«, fragte sie Frieder.

»Mit der regele ich die Intensität.«

»Scheint kaputt zu sein«, sagte Tante Magda. »Die Musik wird nicht lauter.«

Frieder lachte, nahm Carolin, die bei der Konversation sichtlich nervös wurde, in die Arme und flüsterte ihr ins Ohr: »Von wegen defekt. Deine Pupillen sind groß wie Murmeln.«

Sie nickte nur heftig, sonst hätte sie gleichzeitig gestöhnt, sprechen konnte sie da schon nicht mehr.

Zum Glück vergaß Tante Magda beim Anblick der knusprigen Gans nachzufragen, warum Carolin gluckste. Da hatte Frieder Erbarmen und setzte die Vibration um einige Stufen zurück.

Nach dem Dessert waren alle mehr als gesättigt. Nina trug mit ihren Töchtern die Teller in die Küche, »um sich ein wenig Bewegung zu verschaffen«, wie sie sagte. Carolins Mutter fragte mit vom Alkohol schwerer Zunge: »Für wen war der Kalender nochmal? Frieder, hast du den Carolin geschenkt?«

Diese erstarrte. Es war ihrer Mutter in ihrem angeschickerten Zustand durchaus zuzutrauen, dass sie sich nun eines der Päckchen griff, vor aller Augen womöglich den Buttplug auspackte und dann noch fragend in die Runde blickte, was das nun wieder für ein Schmuckstück sei. Bei der

Vorstellung, wie sie von den anderen Familienangehörigen verständnislose Blicke erhielt und Frieder in Erklärungsnot kam, ließ es Carolin eiskalt den Rücken herunter. Da drängte ihr Vater sanft zum Aufbruch. Die Verwandtschaft empfahl sich.

Frieder und sie sahen sich an. Beide waren sie erleichtert und hundemüde.

»Es ist ein Spiel – alles kann, nichts muss«, sagte sie.

Nachdem Frieder das Bad verlassen hatte, zog sie das Ei an dem Rückholfaden heraus. Sie schnupperte an dem weißen Sekret, dass sich darum gebildet hatte. Sie roch sich gern. Bedauernd wusch sie es unter warmem Wasser ab und hängte es zum Trockenen an den Wasserhahn. Diesen Abend schlief auch sie sofort ein.

Kalendertür 2

In der Küche herrschte auch am Morgen Arbeitsteilung. Frieder bereitete Tee, Obst und Toast vor. Carolin räumte die Spülmaschine aus und wieder ein. »Liegt was Besonderes an?«

»Bei mir nicht. Außer das Päckchen Nummer zwei.«

Ein gummiartiges Gebilde flutschte aus der Verpackung auf den Tisch.

»Ach herrje, was ist denn das?«, fragte er konsterniert.

»Das ist auf jeden Fall für dich«, grinste sie, schnappte sich eine Zucchini und verpasste ihr das Toy als zitronengelbe Manschette. Dann hielt sie sich die Zucchini in den Schritt und hüpfte durch die Küche.

»Sieh nur mein bestes Stück, wie hart es ist.« Sie griff sich eines der Sitzkissen von den Holzstühlen und traktierte es mit heftigen Stößen.

»Masturbator, mit innenliegender Reizstruktur – genoppt«, las Frieder laut vor. »Okay, einen Designpreis gewinnt der aber nicht.«

»Jetzt geh da nicht so negativ ran. Ich finde ihn zumindest lustig. Und du wolltest offen für Neues sein. Gib zu, so wenig wie wir in letzter Zeit miteinander geschlafen haben, hattest du doch sicher ein paar Mal Sex für dich allein! Da ist ein Masturbator sicher eine hübsche Abwechslung.«

Und dann ritt sie plötzlich ein kleiner Teufel. »Ich will, dass du dein Geschenk in der Firma benutzt und mich am Telefon teilhaben lässt.«

»Das geht nicht.«

»Komm schon, das wird aufregend.«

»Oder ein Desaster…«

»Früher, als du für die Bank wochenlang in anderen Städten gearbeitet hast, hatten wir öfters Telefon- und sogar Cyber-Sex.«

Ihr hatte der Telefonsex gut gefallen, nur seine Stimme, sein Keuchen und seinen Atem zu hören. Dazu formte sie ihre eigenen Bilder im Kopf. Wie sehr er sie begehren musste, selbst über die Entfernung.

»Da war ich in einem Hotelzimmer. Allein.«

»Es steht dir frei, wo du es tun willst.«

Er brummelte etwas vor sich hin, packte das Teil jedoch ein. Gemeinsam traten sie hinaus in den frischen kalten Morgen.

Frieder rief an, als Carolin über eine heikle E-Mail nachdachte, die sie beantworten musste.

»Es ist so weit«, sagte er nur.

Sie grinste. »Wo bist du?« Dabei drehte sie ihren Bürostuhl um fünfundvierzig Grad, um sich auf diese Weise ein wenig Privatheit zu verschaffen.

»Wir haben diesen Ruheraum, in den sich natürlich niemand zurückzieht. Keiner will sich vor den Kollegen die Blöße geben, sich während der Arbeitszeit hinzulegen.«

»Oho und da willst du Hand anlegen? Mutig.«

»Gut getarnt unter der neusten Ausgabe des Managermagazins.«

Frieder gehörte zu der Fraktion von Männern, die gerne dabei sprachen. »Ich sehe dich, wie du halbnackt im Bett liegst, deine roten Locken wickelst du dir lasziv um den Finger und mit dem anderen winkst du mich herbei.«

»Ich nehme dich von hinten. Dabei schlage ich dir auf den Hintern. Ja, das gefällt dir. Gierig streckst du ihn mir entgegen. Du drückst deinen Rücken durch. Ich greife dir in die Haare und ziehe daran.«

Er sagte auch Dinge, die er nie mit ihr tat. Was sie insgeheim schade fand, denn es erregte sie. »Ja, das ist geil«, flüsterte sie ins Telefon.

Wenn er es doch nur gestern mit ihr getrieben hätte, dachte sie. Das Rascheln der Seiten des Magazins verriet ihr, dass seine Hand sich schneller und schneller bewegte. Handarbeit verlernte man eben nie, war ihr nächster Gedanke. Ihr wurde es zusehends wärmer. Sicher stimulierte ihn das ungewohnte Material, die Gefahr, dabei erwischt zu werden, die Strukturen im Inneren des Toys und vielleicht dachte auch er an gestern, als er die Intensität der Vibration ihres Verwöhnungsgeschenkes in der Küche erhöht hatte. Sein anschwellender Atem war in ihren Ohren wie Musik. Plötzlich hörte sie eine Tür schlagen. Der Fluss der Töne brach abrupt ab. Dafür drang das Rascheln der Magazinseiten und Frieder sein übertrieben lautes: »Hallo!« deutlich an ihr Ohr. Danach klang seine Stimme dünn und gepresst: »Ich muss auflegen.«

Wums! Knall! Abrupt platzte die Stimmung!

Carolin sah von den grauweißen Wolken hinunter in den Park. Die blattlosen Äste der Bäume bildeten ein grafisches Muster. Ein paar Vögel flatterten darin herum, als wären sie gefangen. Sie fürchtete, dass Frieder nun die Flügel streichen würde. Sehr nervös aus lauter Sorge um ihn und um das, was passiert sein könnte, fieberte sie dem Abend entgegen.

Erleichtert sah sie, dass seine Laufschuhe, die er immer vor der Wohnungstür abstellte, weg waren. Er lief, das war gut! Im Kühlschrank standen die Töpfe und Tupperdosen, gefüllt mit den leckeren Resten des gestrigen Festtagsessens. Das Fleisch der Gans verarbeitete sie zu einem Frikassee. Das Rotkraut stellte sie in die Mikrowelle, die Knödel schnitt sie in Scheiben und gab sie zusammen mit einem Stück Butter in die Pfanne. Endlich hörte sie die Tür aufgehen.

»Na, was war los bei dir?«, fragte sie gleich, als er die Küche betrat.

Frieder stöhnte gequält. »Die Brenner, die Assistentin von Acker kam völlig überraschend in den Ruheraum. Ich sag dir, das war vielleicht peinlich. Mir, ihr. Obwohl nichts zu sehen war. Ich hatte das Magazin über meine Hand gelegt. Nur fragte ich mich, wie ich die Hand aus der Hose nehmen sollte. Wenn ich das unauffällig schaffen würde, wie dann noch Reißverschluss und Gürtel schließen? Also murmelte ich was von Magenschmerzen und sorry, ob sie mal wegschauen könnte, ich hätte den Gürtel offen und machte einen blöden Scherz über Belästigung am Arbeitsplatz. Sie wurde rot und ich auch.«

Die Assistentin hatte Carolin bei der letzten Weihnachtsfeier kennengelernt. Die Brenner hatte damals ein grünes Samtkleid getragen. Mit ihren roten Haaren, die ihr den Rücken hinunterflossen, war sie schön wie eine der Frauenfiguren der Präraffaeliten. Ein Anblick von Schnee, Feuer und Wald. Acker, der Chef der Abteilung, ein Mann mit ergrauten Haaren und nur leichtem Bauchansatz, schließlich mussten auch die in der Führungsebene auf sich achten, schien das ebenfalls bemerkt zu haben. Sie wusste noch, dass sie Frieder gefragt hatte, ob da etwas zwischen dem Chef und der Brenner liefe. Sie jedenfalls hatte den Eindruck. Die zufälligen Begegnungen am Büfett, das sich in der Nähe aufhalten, die Blicke. Als Vertrauensperson im Klinikum wusste sie viel über Affären am Arbeitsplatz und welchen Kummer sie mit sich bringen, wenn daran verschiedene Erwartungen geknüpft waren. Meist waren die Frauen in der schwächeren Position, denn bei aller Gleichberechtigung war ein Krankenhaus ein Unternehmen mit klaren männlichen Hierarchien und bei Banken war das ähnlich. Frieder hätte es sicher erzählt, wenn der Acker und die Brenner ihre Beziehung offengelegt hätten.

»Ich dachte, der Wechsel ihrer Gesichtsfarbe hätte was mit mir zu tun. Sie drehte sich zu dem Samowar um und machte sich daran zu schaffen. Und dann, du glaubst es nicht …«

»Kam dein Chef rein.«

Er schaute enttäuscht. »Du versaust mir die Pointe! Ja genau, Acker kam rein. In der Zwischenzeit war wenigstens meine Hose wieder korrekt verschlossen. Doch als ich aufstand, beulte sie sich natürlich sehr ungünstig.«

Carolin fing an zu lachen. Sie sah es bildlich vor sich. Frieder war heute Morgen in diesem schicken blauen Cordanzug losgegangen. Die Hose schmiegte sich schmal ans Bein und das Sakko – trendy geschnitten – saß eng und war vor allem auch etwas kürzer, was ihm mit seiner schlanken Figur und seiner Größe von knapp unter ein Meter neunzig sehr gut aussah. Allerdings verschwand da so ein Masturbator nicht einfach in den Weiten der Hose.

»Armer Frieder!«

»Acker schaute wirklich erstaunt von meinem Schritt zur Brenner. Bevor er was sagen konnte, marschierte ich an beiden vorbei. Später traf ich ihn beim Händewaschen auf der Toilette.

»Heißer Feger, die Brenner, sagte der. Wahrhaftig, heißer Feger!«, japste Frieder vor Lachen. »Der dachte, ich hätte einen Ständer wegen der Brenner!«

»Dabei ist die doch gar nicht dein Typ, oder?«

»Naja, so erregt wie ich war, hat das sicher Auswirkungen. Du weißt ja, wie das mit der Prägung läuft. Vermutlich ist mein Erregungsmuster jetzt auf Rothaarige festgelegt.«

Sie warf einen Kochhandschuh nach ihm.

»Ich geh besser duschen.«

Sie und die Brenner hatten nicht viel gemeinsam. Die Frau war groß und dünn, hatte kleine Brüste, welche in dem Samtkleid mit dem tiefen Ausschnitt spitzenmäßig präsentiert waren. Sie hingegen war Durchschnitt: Ein Meter siebenundsechzig groß, Körbchengröße fünfundsiebzig c und meistens achtundfünfzig Kilo schwer. Gut, in der Nachweihnachtszeit und nach so einem fetten Gänsebraten brachte sie mehr auf die Waage. Ob Frieder ihren Körper nicht mehr attraktiv fand? Ob er großen Frauen, die besser zu seiner Körpergröße passten, mittlerweile eher den Vorzug gab?

Sie folgte ihm ein paar Minuten später ins Bad, in dem eine Wolke aus Wasserdampf stand. Die gläserne Trennwand zur Dusche war beschlagen und er stand mit dem Rücken zu ihr. Sie klopfte gegen die Scheibe und gab ihm Zeichen, dass sie gern zu ihm unter die Dusche käme.

Er schüttelte den Kopf. »Für heute hatte ich genügend Aufregung.«

Vielleicht ahnte er, dass diese Zurückweisung sie kränkte, denn er malte ein Herz auf die beschlagene Scheibe. Sie zog sich zurück und versuchte dem nicht allzu viel Bedeutung beizumessen. Jedoch wurde es immer schwieriger sich nicht entmutigen zu lassen. Mit der Zeit hatte sich eine Menge Frust aufgebaut, und sich ständig zu sagen, ich mache nur ein Angebot, das er auch ablehnen darf, funktionierte eben nicht auf Dauer. Laut Brigitte, Barbara, Donna und Co. würde sich jeder Mann über solch ein unverhofftes Angebot freuen!

»Flaute im Bett – überrasche den Mann unter der Dusche« war garantiert unter den ersten zehn Sex-Tipps für neuen Schwung im Liebesleben.

Wenn Carolin eines in den letzten Monaten gelernt hatte, dann dies: Keiner der Tipps fruchtete, wenn der Mann keinen Bock hat. Ihre Freundinnen und sie hatten erst kürzlich darüber geredet. Alle waren sich einig. Jede Einzelne gab sich manchmal einfach hin, auch wenn sie müde oder lustlos war, um etwas Gutes für die Beziehung zu tun oder weil sie die Erfahrung gemacht hatte, dass die Lust manchmal plötzlich doch aufflammte. Ihre Partner taten das nicht.

Nun saßen sie beim Abendessen, redeten über den schönen gestrigen Sonntag mit der Familie, über die Frage, was die Brenner und der Acker wohl im Ruheraum zur gleichen Zeit gewollt hatten und ob sie doch eine Affäre oder gar eine Liebesbeziehung hatten. Aber über das eigentliche Thema redeten sie nicht.

Kalendertür 3

Dienstagmorgen war Frieder offensichtlich erleichtert, dass sich in Päckchen Nummer drei nur ein Gleitgel befand.

»Da fehlt das Spielzeug dazu, um das gleich heute zu benutzen. Da kommt doch sicher später was Passendes raus?«, fragte er. »Heute Abend ist eh das Treffen mit den Kumpels, passt mir gut.«

Okay, das hatte er nun einfach so beschlossen. War ihr auch recht, denn sie merkte, wie ihr Busen spannte und ihr Bauch aufgebläht war. Ein sicheres Zeichen, dass ihre Periode in zwei oder drei Tagen einsetzte. In der Küche schaute sie dennoch auf ihren Paarplaner, der hinter der Tür an der Wand hing und wurde bestätigt. Unter dem Aspekt der Fruchtbarkeit war es kein Ding. Wie oft würde sie wohl noch ihre Tage bekommen, bis eine

Eizelle befruchtet worden war? Konnte sie über nichts anderes mehr nachdenken? Nein, unweigerlich spukte ständig die Frage in ihrem Kopf herum, wann es so weit war, dass ein Spermium von Frieder zu ihrer Eizelle gelangte und mit ihr verschmolz.

Ihr Kinderwunsch war so stark, dass sie mit dem Adventskalender eine »Mach mir ein Baby Sex-Challenge« gestartet hatte, die sie nur für sich so nannte. Damit es diesen Monat wirklich funktionierte, nutzte sie schon länger eine Zyklus-App. Was sie Frieder verheimlichte. Denn es war schwierig geworden mit ihm darüber zu sprechen, weil er es abblockte und jegliche positive Stimmung zwischen ihnen zerstörte. Dort gab sie regelmäßig ihre Periode ein und die App errechnete dann die fruchtbaren Tage, die für diesen Monat zwischen dem 19. und 25. Dezember lägen. Vom Zeugungstermin aus errechnete die App wiederum den Geburtstermin. Wäre ihre Challenge erfolgreich, wäre der Geburtstermin Mitte September. Das wäre perfekt. Den Sommer über könnte sie leichte Baumwollkleider tragen. Der Stoff würde sich über ihren dicken Babybauch spannen und der Bauchnabel würde sich so lustig nach außen wölben, wie sie es vergangenen Sommer über bei anderen Frauen gesehen hatte. Ja, so war das, überall sah sie Schwangere.

Kalendertür 4

Mittwochabend suchten sie in einem Wohngebiet die Hausnummer 77. Dort sollte sich die angesagte Cocktail Bar Red Door befinden. Doch die weinrot lackierte Tür ließ sich nicht öffnen.

»Vielleicht sind wir zu früh?«, mutmaßte Frieder.

»Nein, das ist Absicht. Es ist eine Speakeasy Bar, eine Flüsterkneipe. Sie wollen nur von Eingeweihten besucht werden. Irgendwo muss es eine Klingel geben. Babsi hat mir den Tipp gegeben.« Carolin entdeckte das unauffällig angebrachte Klingelschild nur, weil die Drucktaste leuchtete. »Das sei der neueste Schrei.«

Sie trug seit langem wieder ein Kleid, Seidenstrümpfe und hochhackige Stiefel, die ihre Beine gut zur Geltung brachten. Allerdings fror sie und war froh, als sich die Tür endlich öffnete. Es wehte ihnen warme nach Kamin und Holz duftende Luft entgegen. Das Ambiente war unaufdringlich an die 1920er Jahre angelehnt, das Licht gedämmt und außer einigen großen Mistelzweigen, die über der Theke hingen, erinnerte nichts an Weihnachten. Und ja, für den Besuch einer Cocktail Bar waren sie früh dran, aber sie wollten mehr als nur die Cocktails genießen. Sie wählten den Ecktisch und studierten im Dämmerlicht die Getränkekarte. Es gab interessante Varianten, beispielsweise den Malt Whiskey mit Kardamom, Kiwi, Zitrone und Apfelessig oder einen Gin Cocktail, verfeinert mit Tonkabohne, Sternanis, Zimt, Nelken und Rosmarin. Es dauerte sehr lange, bis sie sich für zwei Cocktails entschieden hatten, denn Frieder umschmeichelte ihre Knie und Oberschenkel mit diesem Federkitzler, der sich in Päckchen Nummer vier befunden hatte. Nur deswegen hatte sie sich heute, trotz den eisigen Temperaturen für Seidenstrümpfe entschieden.

Ihr Drink auf Gin-Basis, den sie wegen der Zutat Sexy Bitter ausgesucht hatte, war lila und schmeckte zart nach Lavendel. Frieder war seiner

Vorliebe für Whiskey Sour treu geblieben, der durch die Zugabe von einer Prise Zimt und Ahornsirup eine dunkle Farbe hatte. Die Kombination hielt einen überraschenden Twist für seine Geschmacksnerven bereit. Angeregt spielte er mit dem Saum ihres Kleides, rieb den Stoff zwischen den Fingern. Passend zu ihrer aufkeimenden Erregung, malten ihre Finger mit dem Wasser, das auf die Tischplatte getropft war, kleine Wirbel. Schwang doch in jeder Berührung bereits die Verheißung auf das mit, was sie seit Monaten nicht mehr getan hatten. Die andere Hand legte sie in seinen Schritt, streichelte mit dem Daumen die Mulde zwischen dem Oberschenkel und seinen goldenen Eiern. Das Wort Hoden mochte sie nicht und gab ihnen deshalb verheißungsvolle Namen: Goldene Kugeln, Goldkugeln, goldenen Eier, Gold-Eier. Sie berührte ihn gerne, und dies hier in der Bar zu tun, steigerte ihre Aufregung minütlich. Während sich jeweils einer ihre Hände unter dem Tisch vergnügten, verputzten sie mit der anderen mit knusprigem Speck umwickelte Datteln, Salzmandeln und aufgespießte Minitintenfische. Als ihre Hand fester zupackte, seufzte er.

»Ist das okay?«, fragte sie.

»Scherzt du?« Sein bestes Stück war hart und drückte gegen den Stoff seiner Hose. Sie rückten noch näher aneinander heran. Sie fuhr ihm mit der Zunge über die vom Speck glänzenden Lippen und fragte dann ganz unschuldig: »Wie war dein Tag, Liebling?«

»Oh, das fragst du nicht ernsthaft, oder? Es gibt noch ein paar andere Dinge, über die wir reden könnten, außer Arbeit.«

»Was denn?«, fragte sie ihn mit einem provozierenden Lächeln.

»Zum Beispiel darüber, dass meine Gold-Eier sich gerade anfühlen, als wären sie zu lange gekocht.«

»Soll ich den Reißverschluss öffnen, damit sie eine leichte Abkühlung erfahren?«

»Untersteh dich, den bekomme ich dann nicht mehr zu.«

Gleichzeitig tat sie alles dafür, dass er sich nicht beruhigte. Sie rieb ihr Bein an ihm, und als er seine Hand auf ihr Knie legte, spreizte sie leicht die Beine. Wie sie gehofft hatte, bewegte sich seine Hand weiter nach oben. Sie revanchierte sich, indem sie mit der Hand in seinen Hosenbund glitt und Zentimeter für Zentimeter zwei Finger in seine Unterhose schob. Und während sie beide in den Augen der anderen Gäste scheinbar belanglos plauderten, brodelte es in ihrem Inneren immer heftiger.

»Es wird Zeit zu gehen«, sagte er sofort, als ihre Gläser leer waren.

Im Wagen schob sie ihren Rock hoch und streichelte scheinbar zufällig mit dem Federkitzler die Innenseite ihrer Oberschenkel. Während sich Frieder bemühte, den Wagen in der Spur und das Tempolimit von dreißig Stundenkilometer zu halten.

»Dieser Abend hat mir außerordentlich gut gefallen.«

»Und dieses Mal ist er noch nicht zu Ende. Versprochen.«

Er rannte vor ihr die Stufen zur Wohnung hinauf. Als sie oben ankam, hatte er schon aufgeschlossen, den Mantel über den Stuhl geworfen und die Schuhe mit Schwung von den Füßen getreten. Er kniete auf dem Boden und zerrte ihr einen Stiefel von dem Bein, während sie auf dem anderen hüpfte und gleichzeitig seinen Kopf in ihren Schoß zog. Beinahe wäre sie gefallen, hätte sie sich nicht mit einer Hand auf seinem Kopf abgestützt. Als sie sich wieder gefangen hatte, sah er mit frechem Blick zu ihr hoch.

»Hier auf dem harten Boden oder auf dem Sofa?«, fragte er.

Ahh, dachte sie, die Abmachung. Alles außerhalb vom Schlafzimmer.

»Sofa!«

Also stürzten sie ins Wohnzimmer. Dort drängte er sie gegen die Lehne vom Sofa, schob ihr das Kleid hoch und den Slip mitsamt der Strumpfhose in einer fließenden Bewegung nach unten. Während sie sich noch aus den textilen Teilen herauswand, presste er schon sein Becken gegen sie. Es war Monate her, dass er sie mit diesem Verlangen berührt hatte. Sie erkannte seine geschmeidigen Bewegungen wieder. Gleichzeitig registrierte sie, wie sich sein gesamter Muskelaufbau durch das viele Training verändert hatte. Das war eine neue Version von Frieder und sie gefiel ihr ausgesprochen gut. Die letzten beiden Stunden hatte die Lust in ihr dermaßen aufgebaut, dass sie aus dem Wort besinnliche Weihnachtszeit die erste Silbe strich. Obwohl, dass hier war mehr als sinnlich, das war pure Geilheit. Ihr Geschlecht war bereit, das ihres Mannes sofort in sich aufzunehmen. Was sie ihm auch zeigte, indem sie sein bestes Stück aus der Hose hervorholte und in die entsprechende Richtung lenkte. Doch bevor er in sie eindringen konnte, ejakulierte er auf ihren Venushügel. Verdutzt schauten beide auf das Sperma.

»Ohhh, nein, da habe ich mich wohl zu sehr gefreut«, sagte er entschuldigend.

Sie lachte und keuchte gleichzeitig. »Du kannst mich nicht unerlöst lassen. Komm, wir schauen, ob im Kalender noch etwas für mich dabei ist.«

Sie überflog die Liste, die sie sich gemacht und zwischen die Schachteln gesteckt hatte, um ab und zu selbst nachsehen zu können, was an dem jeweiligen Tag herauskommen würde. Zum einen, um einzelne Geschenke noch dazuzustellen oder auch um ihre Termine entsprechend um die Geschenke herum zu koordinieren. Sie zeigte auf das Paket für den 21. Dezember. Heraus kam ein Fingervibrator mit zwei Aufsätzen. Frieder wählte den Aufsatz für die klitorale Stimulans und stülpte das zusammengesetzte Toy über den Zeigefinger. Die Bedienung war intuitiv. Das kleine Helferlein schnurrte los. Carolin entledigte sich der restlichen Kleidungsstücke, legte sich aufs Sofa mit einem Kissen unter dem Po, sodass sich ihr Becken lustvoll nach oben reckte und erwartete ungeduldig die Berührungen.

Frieder hatte sich auf dem Boden niedergelassen. »Jetzt haben wir auch eine Verwendung für das Gleitgel.«

Großzügig verteilte er es auf dem Toy. Ihre Lust steigerte sich sekündlich durch die Kombi an Vibrationen und den zarten Impulsen des Federkitzlers an ihren Brüsten. Da er wusste, wie sehr sie es liebte vaginal stimuliert zu werden, wechselte er die Aufsätze. Unter seiner geschickten Hand explodierte ihr Verlangen. Ihr Atem überschlug sich. Eine Hand krallte sie in Frieders Arm und die anderen in die Sofalehne, damit sie beim Orgasmus nicht vom Sofa rutschte.

Kalendertür 5

Am Morgen erwachte Carolin, bevor der Wecker klingelte. Versonnen und glücklich betrachtete sie das Gesicht ihres schlafenden Mannes und die Kratzspuren, die sie auf seinem Arm hinterlassen hatte. Wie sehr hatte sie es genossen so heftig begehrt zu werden und ihn so geil zu sehen, dass sie es nicht mal mehr schafften, einander die Klamotten vom Körper zu reißen. So gesehen, fand sie es nicht schlimm, dass er zu früh gekommen war. Außerdem waren ihre fruchtbaren Tage vorbei. Leise stand sie auf, zog den Morgenmantel über und schloss die Schlafzimmertür. Gähnend schüttelte sie ein paar Sofakissen auf, hängte sein Jackett über den Stuhl, legte die Wäsche in den Korb im Bad. Damit war ihr Bedürfnis nach Ordnung jedoch nicht gestillt. Sie ging weitersuchend herum, sammelte Krümel auf, zupfte welke Blätter aus der Palme. Oh je, an ihrem Drang aufzuräumen erkannte sie, dass ihre Periode wohl früher kam als erwartet. Sie hob die leere Schachtel auf, auf der die Zahl einundzwanzig prangte. Verschlafen kam Frieder aus dem Schlafzimmer.

»Gut geschlafen?« Mit Blick auf die leere Verpackung sagte er: »Heute gibt es für mich wohl kein Geschenk mehr zum Auspacken. Das kam gestern schon zum Einsatz.« Er lächelte sie mit seinem schönen Lächeln an. »Da kann ich mein Lauftraining auf den Abend legen und mit dir noch ein schnelles Frühstück teilen.«

Sie schmiegte sich auf dem Weg ins Bad kurz an ihn. »Das ist eine gute Idee.«

Er fuhr mit den Fingern durch ihr wildes Haar und gab ihr einen leidenschaftlichen Kuss, der länger und hingebungsvoller war als seine sonst dahingehauchten Lippenberührungen.

Am Abend hatte sie Blut in der Unterwäsche. Das war ihr schon lange nicht mehr passiert. Normalerweise bekam sie ihre Tage regelmäßig und war entsprechend vorbereitet. Brachte ihre Weihnachts-Sex-Challenge ihren Hormonhaushalt durcheinander? Wenn ihre Periode zu früh kam, verschoben sich auch ihre fruchtbaren Tage. Tatsächlich, die Zyklus-App errechnete nun den 15. bis 21. Dezember. Das war in zehn Tagen. Doch wie verlässlich war das Ergebnis, wenn ihre Hormone verrücktspielten? Übertrieb sie es mit der Planung? Bevor sie den Kinderwunsch hatte, war der Sex leicht für sie gewesen. Als sie vor einem Jahr die Zyklus-App auf ihr Smartphone geladen hatte, fing sie an, sich mit Frieder zum Sex zu verabreden. Dann wartete sie im Zwei-Wochen-Takt, einmal auf die fruchtbaren Tage und dann darauf, dass die Periode ausbleibt. Damit sie freudig verkünden könnte, dass sie bald eine Familie sein würden. Doch dann hatte Frieder aufgehört, mit ihr zu schlafen. Im September, als sie das Thema angesprochen hatte, hatte er gesagt: »Der Leistungsdruck im Job ist enorm hoch. Es kostet mich viel Kraft, auf gesunde Art und Weise damit umzugehen. Jetzt machst du mir zudem Druck im Bett. Ich bin für dich nur noch der Spermageber für ein Kind. Das ist nicht okay. Irgendwann explodiere ich, ich fühle mich wie eine tickende Zeitbombe.«

Ja, das hatte er gesagt, doch in ihr tickte auch eine Uhr – tick – tack – tick- tack. Sie war erst Anfang dreißig, da konnte sie davon ausgehen, dass ihre Eizellen gesund waren. Statistisch gesehen gingen ihre reproduktiven Jahre bis siebenunddreißig. Und auch das waren nur Durchschnittswerte. Aber sie wollte jetzt ein Kind, nicht in sieben Jahren oder kurz vor dem Ende ihrer fruchtbaren Zeit. Sie wollte so bald wie möglich Babysachen einkaufen, das Kinderzimmer einrichten, den Kita aussuchen und den Antrag stellen. Mit dem kleinen Menschen singen, reden, hüpfen, basteln, es in den Armen wiegen, alles eben, was Eltern taten. Sie folgte einigen Mama-Accounts auf Instagram, speicherte Beiträge von Kinderzimmern, Mode für Schwangere oder Tipps für die Schwangerschaft. Dabei folgte sie nur den Accounts, die die Namen ihrer Kinder geheim hielten und die Gesichter nicht zeigten. Gerade als Juristin war ihr wichtig, dass Mütter ihre Kinder schützten. Für sie passte es nicht zusammen, auf der einen Seite den Zauber des Familienalltags zu preisen, Achtsamkeit zu predigen und andererseits die Privatsphäre der Kinder nicht zu wahren.

Sie holte das lange Päckchen mit der Zahl sechs aus dem Kalender. Dort war der Doppeldildo für sie und ihn enthalten. Sie stellte sich vor, wie sie akrobatisch versuchten, ihn gemeinsam zu verwenden. Plötzlich hatte sie einen Cartoon im Kopf, indem zwei Hühner verbunden durch diesen Doppeldido über den Hühnerhof gackern und hüpfen und nicht mehr voneinander loskamen. Sie schüttelte den Kopf, um dieses Bild wieder loszuwerden. Ihre Rollenverteilung war zwar modern, dennoch glaubte sie nicht, damit zu punkten, wenn sie zu Frieder sagte: »Hey, Liebling, dreh dich doch mal um.«

Spielerisch bog sie das Toy zu einem U und strich mit dem Daumen über die unterschiedlich großen Penis-Eicheln. Die kleine, so hatte es Sister-Love erklärt, könnte sie sich selbst anal und die größere vaginal einführen, um sich so zu befriedigen. Love-Sister hatte die beste Stellung dafür auf dem Sofa liegend angedeutet. Aber sie wusste sofort, dass dies für sie nicht in Frage käme. Klar war sie aufgeschlossen. Klar war ihr bekannt, dass der Anus von unzähligen Nerven umgeben war, die dann stimuliert würde. Klar wusste sie, dass viele Frauen es genießen, doppelt ausgefüllt zu sein. Vielleicht mochte das Babsi auch und hatte dabei genauso viele Orgasmen wie nach dem Tragen des Yoni-Eis. Sie könnte sie fragen. Oder – und bei dem Gedanken lachte sie hell auf – ihr den Doppeldildo einfach ungefragt zum Nikolaustag schenken. Oder war das übergriffig? Egal, was sie damit anfing, ihn verschenken oder im Müll versenken, er musste verschwinden. Stattdessen stellte sie die Buchempfehlung von Love-Sister zum Kalender und schrieb auf das schwarze Seidenpapier mit dickem silbernem Stift die Zahl Sechs. Sie hatte das Buch gelesen. Es hatte sie erregt und beschäftigt. Wie Love-Sister vorausgesagt hatte, gefiel ihr das Spiel des höflichen Franzosen ausgesprochen gut. So etwas würde sie gern erleben. Wie Viktoria, die Hauptperson im Buch eine Feder einsetzte, hatte sie ähnlich gestern selbst erlebt. Noch mehr allerdings faszinierte sie das Spiel zwischen Viktoria und der anderen Frau namens Gil. Gil war Künstlerin und für Viktoria eine Art Mentorin. Dennoch fragte sich Carolin, wie jemand auf so eine irre Idee kam. Als sie sich die Szene noch einmal vergegenwärtigte, wurde die

Libidofrau in ihr wach und Carolin wusste, was sie wollte: Genau das! Allerdings musste sie sich noch eine Weile gedulden. Zum einen wegen der Periode. Zum anderen sollte sie erst herausfinden, ob Frieder so ein Szenario genauso erregte wie sie. Die Passage, die das Geschehen mehr als andeutete, hatte sie in ihre Memo App getippt, um sie morgen im Laufe des Tages Satz um Satz herauszukopieren und an Frieder zu senden. Natürlich hatte sie die Perspektive geändert, sodass nun nicht Viktoria und Gil agierten, sondern Frieder und sie.

Kalendertür 6

»Ein Buch?«, fragte er erstaunt als er ›Theater der Lust – Mut‹ in der Hand hielt.

»Es ist unglaublich, was darin alles passiert. Wenn es so ein Theater gäbe, würde ich Karten kaufen.« Würde sie tatsächlich gern bei einer Orgie mitmachen? Nein, das nicht. Sie war monogam und liebte Frieder, begehrte ihn, seinen Körper. Sie sehnte sich nicht nach fremden Händen, sondern nach seinen. Allerdings fand sie eine Aufführung, bei der die Kostüme freizügig waren und sich das Publikum für den Besuch selbst erotisch in Szene setzten, durchaus interessant. Bei ihrem Ausgehabend in der Bar hatte sie sich in Seidenstrümpfen, Stiefeln und Kleid sehr erotisch gefühlt. Sobald Frieder aus der Bank oder sie aus dem Krankenhaus kamen, schlüpften sie in ihre Wohlfühlklamotten, bequeme Hosen, Sweater, Hoodies, warme Socken. Nach Jahren schlich sich das Bequeme eben ein.

»Um dir einen Vorgeschmack zu geben, schicke ich dir später ein paar Zeilen, ja? Und heute Abend können wir uns gegenseitig daraus vorlesen.«

Zerstreut nickte er und ging.

Im Aufzug des Krankenhauses schickte Carolin einen ersten Satz aus dem Kapitel ›Champagnerküsse‹ an Frieder. ›Du setzt dich vor mich, hältst mir das kühle Glas der Flasche an die Wange und siehst mir in die Augen. Sie sind voller Erregung, dunkel vor Verlangen. Gleich werde ich etwas Gewagtes und Aufregendes erleben.‹

Eigentlich rechnete sie nicht mit einer Antwort, da er ihr erzählt hatte, dass er dem Ablauf der Konferenz, die er morgen leiten sollte, den letzten Feinschliff geben wollte. Außerdem musste er noch an seiner Eröffnungsrede arbeiten. Vermutlich blickte er gar nicht auf das Smartphone, um nicht aus seinen Gedanken gerissen zu werden.

Doch das Smartphone in ihrer Hand vibrierte unmittelbar. Er hatte lediglich ein paar Fragezeichen gesendet.

Okay, wenn er es genauer wissen wollte, die Antwort konnte sie prompt liefern. ›Langsam wickelst du die Goldfolie vom Korken, ziehst diese sorgfältig vom Flaschenhals ab, prüfst mit den Fingern, ob alles entfernt ist. Mit dem Daumen hältst du den Korken in der Flasche. Abgestützt auf die Ellenbogen, meinen Oberkörper leicht zurückgelehnt öffne ich meine angezogenen Beine ...‹

Das wird ihn eine Weile beschäftigen oder er wird das Smartphone genervt wegsperren. Kaum hatte sie ihres griffbereit auf den Schreibtisch gelegt, vibrierte es.

›Wie zum Teufel kommst du darauf? Das sind doch nicht deine Worte!?‹ Und dann schickte er noch einen schwitzenden und einen nachdenklichen Smiley plus zwei Chilischoten hinterher. Was sollte das nun bedeuten? Fand er den Text blöd? Machte ihn der Text an? Es war schwierig! Sie spürte, wie ihr die Hitze ins Gesicht schoss und nicht nur da hin. Wenn sie schon wieder einen Korb kassierte, wusste sie nicht, ob sie dann noch weitere Versuche starten konnte oder doch einfach kapitulierte. Schon erreichten sie wieder drei ›???‹ Das interpretierte sie nun so, dass Frieder sich nicht mehr auf die Arbeit konzentrierte. Genauso wenig wie sie. Sie hoffte nur, dass es niemanden auffiel, dass sie kaum, dass sie angekommen war, schon auf der Toilette verschwand. Sie setzte sich auf die zugeklappte Toilettenschüssel und fügte mit Copy und Paste ein: ›Du lässt den Korken in deine Hand ploppen. Dann schüttelst du die Flasche, hältst die Flüssigkeit jedoch mit dem Daumen noch in der Flasche. Geschickt platzierst du sie zwischen meinen Oberschenkeln.‹

Als sie wieder von der Toilette kam, fragte ihre Kollegin besorgt: »Ist alles in Ordnung?«

»Ich habe meine Tage. Das wird heute noch den ganzen Tag so gehen, Krämpfe, Tampon wechseln, das wünsche ich niemanden.«

Sie freute sich schon darauf, dies Frieder am Abend zu erzählen, und war gespannt auf seine Ausrede, falls es auch bei ihm auffiel, dass er mit seinen Gedanken wo anders gewesen war. Zu ihrer Überraschung schrieb er ihr erneut: »Mein ganzer Körper kribbelt. Das, was ich mir gerade vorstelle, wünscht du dir nicht wirklich, oder? Carolin?!!!! Oder? Schick mir irgendetwas, was mir andere Bilder in den Kopf schießt.«

Nun wurde sie nervös. Eine eindeutige Antwort, ob es ihm gefiel oder nicht, wäre ihr lieber gewesen. Wie sollte sie das Wort kribbeln deuten? Kribbeln vor Aufregung? Kribbeln, weil ihm die Vorstellung, dass sie sich dies wünschte, unangenehm wahr? Warum schrieb er nicht einfach, ob es ihm gefiel oder nicht? Vielleicht war es doch keine gute Idee gewesen über so einen Wunsch, der auch sie verunsicherte, Textnachrichten zu verschicken. Sollte sie ihm jetzt ein Foto von ihrem blutigen oder noch nicht benutzten Tampon schicken, eine Katze oder mehr Text aus dem Buch?

Bevor es zu größeren Missverständnissen kam, die es später unmöglich machten, das Szenario umzusetzen beschloss sie den Austausch mit ihrer nächsten Nachricht erst einmal zu beenden. »Ob du richtig liegst, wirst du wohl erst erfahren, wenn eine der Schachteln einen Hinweis auf eine Flasche Sekt enthält.«

Kalendertür 7

Die Bäume in der Tauentzienstraße leuchteten in festlichem Glanz. Auf die Menschen und Autos rieselte sanft der Schnee. Es herrschte Winterstimmung, jedoch nicht die besinnliche, gemütliche, sondern die gestresste, aggressive. Eingekeilt zwischen all den Menschen, die sich auf dem Bürgersteig drängelten, bekam Carolin abwechselnd eine Einkaufstasche in die Knie oder einen Rucksack in den Rücken gerammt. Es war keine gute Idee gewesen, ausgerechnet zur Hauptverkehrszeit die Lebensmittelabteilung des weltberühmten Kaufhauses KaDeWe aufsuchen zu wollen. Nur in den Schaufenstern lebte die gemütliche Weihnachtsidylle. Glitzernde Tannenbäume, äsendes Rotwild, aufgeschichtetes Kaminholz, glückliche Familien in festlicher Kleidung. Die Geschenke waren in eine künstliche Waldlandschaft eingebettet. In den Zweigen hingen Uhren und Designerhandtaschen. Auf Baumstümpfen standen Gläser und Champagnerflaschen. Zu Füßen der Kinder waren Spielsachen drapiert, alles bereit für das Fest der Geschenke. Die Schaufenster vom ersten Kaufhaus am Platz waren jedes Jahr die mit der schönsten Weihnachtsdekoration.

Neugierig lugte Carolin zwischen die Fenster schmückenden Schneeflocken und entdeckte einen Zauberwald, indem die Tiere Weihnachten feierten. Sie fühlte sich in ihre Kindheit zurückversetzt. Oft war sie hier schon gestanden, darauf wartend, dass die zugehängten Scheiben endlich freigaben, was dahinter liebevoll aufgebaut worden war. Dieses Mal saßen Hase, Igel und Fuchs zusammen an einem Tisch und tranken aus kleinen Tassen. Die Hasenpfote bewegte sich auf und nieder und simulierte die Bewegung des Tee-Einschenkens. Eine Hasenfrau holte ein Backblech mit Plätzchen aus dem Ofen. Carolins Augen füllten sich mit Tränen. Der ganze Rummel um Weihnachten erinnerte sie ständig daran, wie sehr sie ein eigenes Kind in ihrem Leben vermisste. Hier stand sie also als Erwachsene vor einer Welt, die für Kinder aufgebaut worden war. Eigentlich wollte sie eine kleine Hand in ihrer spüren, wollte das Kind fragen, was es sich wünschte, wollte mit ihm die Herrlichkeiten bestaunen. Sie schniefte ein paar Mal und hoffte, dass der Mann neben ihr vermutete, dass sie Schnupfen habe.

Die glitzernde und heimelige Weihnachtswelt stand auf einmal still. Der Eisbär auf dem Schlitten war mitten auf dem Hügel zum Stehen gekommen. Die Hasenpfote verharrte in der Luft. Nur die orangefarbenen glühenden Kohlen im Ofen waren nicht erloschen. Ein Junge drängelte sich an ihre Seite und drückte einen Knopf. Die Tiere erwachten aus ihrer Erstarrung. Der Eisbär rutschte den Berg hinunter und wurde wieder hinaufgezogen, der Hase goss weiter Tee ein und der Zwergen-Chor sang In der Weihnachtsbäckerei. Das erinnerte sie an ihre Einkäufe, die sie noch zu erledigen hatte. Im Kalender hatten sich Ausstechformen befunden. Natürlich waren es nicht die klassischen Formen, wie eine Glocke oder ein Tannenbaum gewesen, sondern die Form eines Penis mit Hoden, einer Klitoris und einer Vulva. Neugierig hatte Frieder die Ausstechformen begutachtet. Sie hatten sich schon öfters darüber unterhalten, dass jeder und jede zwar einen Penis zeichnen konnte, aber die wenigsten eine Vulva oder gar wussten, wie groß eine Klitoris wirklich war. Außerdem aß er gern Weihnachtskekse.

Für die Backzutaten hätte es auch ein Lebensmittelgeschäft getan. Doch Carolin liebte die Auswahl von Käse und Wein, die hunderte von Sorten an Gewürzen und Tees, unter denen sie hier wählen konnte, die feinen Schokoladen und das üppige Angebot an Früchten aller Art. Die Fülle dieser Feinkostabteilung inspirierte sie. Außerdem war Frieder bei seiner Konferenz und sie hatte keine Lust, vor dem Backen für sich alleine zu kochen. Also reihte sie sich in die Schlange vor der Fischtheke ein und erstand verschiedene Salate. Nordseekrabben, Thunfisch mit Blaubeeren, Avocado in Senfsoße und Lachs mit Sellerie. Jeder wurde in einer Porzellanschale angerichtet. Sie stellte sich an einen Stehtisch und beobachtete die anderen Feinschmecker, die ein paar Minuten nicht durch Gänge und Abteilungen hetzten und einfach genießerisch verspeisten, was sie vor sich hatten. Und weil ihr danach war, holte sie sich noch ein Glas Champagner dazu.

Carolin war in ausgelassener Stimmung. Ihr Smartphone spielte Weihnachtsklassiker und übertönte die Geräusche der Straße, die gedämpft durch das Küchenfenster hereindrangen. Mehl, Speisestärke, kalte Butter, Vanille und abgeriebene Zitrone lagen abgewogen auf der Arbeitsplatte. Das Zitronenaroma hatte sich bereits in der ganzen Küche ausgebreitet. Leise summte sie die bekannten Lieder mit. Sie schlug ein Eigelb in den Mehlberg. Mit seiner schlüpfrigen Konsistenz drohte es zu entwischen. Diese neuen erotisch-sinnlichen Eindrücke, der ersten sechs Herausforderungen durch die Kalender-Challenge, hatten sie für die feinsten Empfindungen sensibilisiert, wie die Körnigkeit des Zuckers im Kontrast zum fluffigen weichen Mehl. Sie gab die stückig geschnittene Butter dazu und knetete die Zutaten rasch zu einer geschmeidigen Masse zusammen. Den Teig formte sie zu einer Kugel, umwickelte ihn mit Frischhaltefolie und legte ihn in den Kühlschrank. Während er runterkühlte, räumte sie auf und legte Backpapier und das Nudelholz bereit. Sie wunderte sich, warum sie immer noch Nudelholz dazu sagte, obwohl sie niemals Nudelteig damit ausrollte. Manches überlebte erstaunlich lange. Beispielsweise fragte in dem Kochforum, das sie wegen des Backrezepts im Internet besucht hatte, eine Userin allen Ernstes, ob sie während ihrer Menstruation überhaupt backen dürfe, weil womöglich die Milch sauer werde und der Teig misslinge. Frieder und sie glaubten nicht an solche Mythen. Er gehörte auch nicht zu den Männern, die sich vor dem Blut ekelten. Was für ein Glück. Denn sie hatte den Sex in dieser Zeit, in der ihre Vulva durchblutet und prall war, schon immer genossen. Der Orgasmus entspannte ihren Uterus. Seit Frieder auf Sex verzichtete, masturbierte sie in dieser Zeit regelmäßig unter der Dusche oder in der Badewanne, manchmal sogar in der Klinik. Nun hatte sie sogar ein Sextoy dafür und die kommenden Pakete enthielten noch mehr davon. Für sie war der Kalender auf jeden Fall ein Gewinn. Als sie den Mürbteig aus dem Kühlschrank nahm, war er zu hart, um ihn direkt auszurollen. Sie schlug ein paarmal mit dem Nudelholz von allen Seiten darauf und rollte ihn erst dann zwischen zwei Backpapieren auf wenige Millimeter Höhe aus. Zuerst stach sie ein paar Penisse aus. Das funktionierte wie die klassische Plätzchenausstecher, denn Penis und Hoden erkannte jeder sofort an der Form. Dann versuchte sie sich an der Vulva. Der Außenrand, geformt wie eine Mandel, berührte die Arbeitsplatte und stach so den Keks aus. Für die detailverliebte Zeichnung der Vulva-Lippen, sorgten die höher liegenden Konturen der Ausstechform, die den Keks oberflächlicher prägten. Nach ein paar Versuchen hatte sie den richtigen Dreh gefunden, und wagte sich an die Klitoris, deren Form und Prägung noch komplexer war. Den Vulven legte sie dort, wo die inneren Vulva-Lippen aufeinandertrafen eine weiße oder rosafarbene Zuckerperle auf. Ein zufriedenes Lächeln breitete sich auf ihrem Gesicht aus, während sie darauf wartete, dass die Kekse fertig backten. Sie holte sie in dem Moment aus dem Backofen, als sie begannen, goldbraun zu werden und der süße, verlockende Duft aus der Ofentür strömte. Sie hantierte mit farbiger Glasur und Schokolade, dekorierte mit Perlen und Zuckermandeln, bunten Streuseln und Zuckerguss. Vorfreude und Wärme breiteten sich in ihrem Inneren aus. Es war nicht nur diese besondere Zeit des Jahres und diese befriedigende Tätigkeit. Es war dieses Gefühl, das Richtige zu machen.

Nach dem liebevollen Verzieren waren die kleinen Vulva- und Peniskekse so verschieden wie reale Vorbilder und eine wahre Sinneslust für Auge, Nase und Gaumen. Sie freute sich auf den Knabberspaß mit Frieder, wenn sie diese mit Zärtlichkeit und Respekt verzehren würden.

Mit Schrecken dachte sie an eine Party zurück, auf der ein Gast geschmacklose Witze gerissen hatte. Sie wurden immer zotiger und endeten beim ›fischelnden Geruch‹ von Frauen. Diese Art von Witzen ließen gleichzeitig Wut und Scham in ihr hochsteigen. Damit war sie nicht allein, fast alle anwesenden Frauen erstarrten plötzlich. Wie sie das hasste, dieses hämische Frauenfeindliche, getarnt als ›alles nur Spaß‹. Es hatte ihr damals die Kehle zugeschnürt. Frieder hatte sie in den Arm genommen. Gesagt hatte niemand etwas. Wahrscheinlich weil sich alle matt und beschmutz gefühlt hatten. Wenn es heute ein Mann wagen würde in ihrer Anwesenheit mit diesen herabwürdigenden ›eine Muschi riecht nicht gut Witzen‹ zu punkten, würde sie es nicht mehr stoisch hinnehmen. Sie würde tief Luft holen und sagen: »Ach, du versuchst, witzig zu sein? Dann solltest du dringend an deinem Material arbeiten. Das hier ist nur peinlich.«

Sie setzte sich, legte die Ellbogen auf den Tisch, stützte das Kinn auf die Hände und sprach einen fiktiven Gesprächspartner ihr gegenüber an.

»Interessant, dass du solche Witze machst. Es muss schwer sein, ständig vor starken Frauen Angst zu haben.« Das klang gut und es tat gut. Gleich dachte sie sich noch eine Antwort aus. »Ah, der alte frauenfeindliche Witz. Schon mal daran gedacht, dass nur unsichere Männer sich über Frauen lustig machen müssen?« Hoffentlich würde sie so eine Antwort nie mehr benötigen. Sie vertrieb die Gedanken und freute sich, dass ihre Generation von Frauen ganz andere Begriffe für ihr Geschlecht fanden: Honigtopf, Zuckerdose, Blume, Pflaume, Schnecke, Saftmöschen oder Kätzchen. Kätzchen, so nannte Frieder ihr Geschlecht. Was ihr gut gefiel und wenn Frieder zu ruppig mit ihr umging, sagte sie schon mal: »Pass auf, sonst faucht die Katze.«

Er würde erst spät in der Nacht von seiner Konferenz zurück sein. Sie kannte seine Angewohnheit sich dann noch einen Kakao zu machen. So legte sie ihm einen Penis-, einen Vulva- und einen Klitoris-Keks auf einen Teller, stellte diesen neben eine Tasse und dem Kakaopulver und legte einen Zettel dazu mit der schlichten Botschaft: Ich liebe dich.

Im Halbschlaf fühlte sie, wie Frieder seine Hand auf ihre Taille legte. »Und? «, murmelte sie. »Bist du zufrieden?« Wobei sie selbst nicht wusste, ob sich ihre Frage auf den Verlauf der Konferenz bezog oder auf ihre Plätzchen. Als Antwort küsste er zärtlich ihnen Arm, der auf der Bettdecke lag und rutschte nah an sie heran.

Kalendertür 8

»Verrät der Kalender heimliche Fantasien von dir?«, fragte er überrascht.

»Mein Einfluss auf die Produkte war nicht so groß«, antwortete Carolin. »Aber ich finde gut, dass wir vielfältig inspiriert werden.« Sie spürte, wie sie rot wurde. »Das ist doch der Sinn des Kalenders. Auch neue Spielarten zu testen.« Sie kratzte sich am Hals. »Ich will dich nicht unter Druck setzen. Mich jedenfalls …« Sie merkte, wie sie ins Stottern kam. »Ich habe in ›Theater der Lust‹ eine Szene gelesen, in der die Protagonistin gefesselt war. Das fand ich aufregend. Ja, ich will Liebe und Lust in allen Spielarten ausprobieren. Gefesselt sein verlangt Vertrauen. Und dir, Frieder, vertraue ich. Ich würde es schon gern ausprobieren, nur wenn du auch darauf Lust hast.«

»Es wird mir was einfallen«, sagte er.

Auch wenn die Antwort sie wenig zufrieden stellte, wechselte sie das Thema. »Willst du dein Lauftraining auf den Mittag verschieben? Babsi, Grit und Rita kommen zum Adventskaffee.«

Als sie den Tisch deckte, kam es ihr plötzlich seltsam vor Kekse in Form von Geschlechtsteilen zusammen mit anderen Plätzchen anzubieten. Kurz überlegte sie, ob es wirklich angemessen war. Allerdings fiel ihren Gästen erst gar nichts auf. Obwohl sie an den oberen Ring der Etagere, auf der sie ihre Süßigkeiten anbot, die sinnlichen Torsos gebunden hatte, die sie bei den Love-Sisters erstanden hatte. So schwebte der sexy Weihnachtsschmuck über ihren Keksen. Auf dem größeren Teller, eine Etage tiefer, waren weitere Naschereien wie Dominosteine, Mini-Lebkuchen, Weihnachtsmandeln und das übliche Weihnachtsgebäck drapiert.

Ihre drei Freundinnen trafen zeitgleich ein. Carolin nahm ihnen Schals und Mäntel ab.

»Babsi, du bist die einzige Frau, die ich kenne, der Weihnachtspullover stehen. Darf ich?« Und schon zog sie an der roten Nase des lachenden Rentier Rudolph, das stolz auf der Vorderseite prangte. Nachdem die Freundinnen ihre Winterstiefel abgestreift und die Filzpantoffeln angezogen hatten, die Carolin in der Winterzeit für ihre Gäste bereithielt, lud sie sie mit einem fröhlichen »Jetzt aber rein mit euch« in ihr festlich geschmücktes Wohnzimmer ein.

»Wie schön«, rief Grit angesichts der Dekoration aus. »Da wird mir gleich ganz weihnachtlich zumute!«

Während sie sich lebhaft über die Ereignisse der vergangenen Wochen austauschten, wetteiferten sie, wer schon auf wie vielen Weihnachtsfeiern gewesen war und wie viele Weihnachtsgänse und Enten verspeist worden waren. Sie sprachen darüber, wie schwierig es war, in dieser Jahreszeit Vegetarierin zu sein. Plötzlich stieß Babsi einen kleinen Schrei aus, und ihre

Pupillen weiteten sich. »Hey, was haben wir denn da? Das nenne ich mal eine besondere Weihnachtsleckerei. «

»Ja, deine Kekse sind wirklich lecker«, bemerkte Rita, während sie gerade einen verspeiste.

»Ja, dass auch, aber ich meinte die Form. Viva la Vulva, oder?«

Rita sah erschrocken aus und wusste nicht, ob sie den Keks, von dem sie gerade abgebissen hatte, zurücklegen oder aufessen sollte.

Grit lachte dieses Lachen, das ihre Verunsicherung verriet. »Ich habe einen Penis in der Hand, dabei dachte ich, es wäre ein Pilz.« Sie schüttelte den Kopf. »Wie kommst du denn auf so eine Idee?«

Alle redeten plötzlich durcheinander und wunderten sich, dass sie die Keksformen erst jetzt so eindeutig erkannten – Macht der Gewohnheit wahrscheinlich.

»Weil wir das sehen, was wir kennen und sehen wollen«, vermutete Carolin.

»Carolin befindet sich zurzeit auf einem erhöhten erotischen Level. Mir hat sie zum Nikolaustag sogar ein Sextoy geschenkt«, verriet Babsi.

»Wie kam es denn dazu?«, fragte Rita.

»Frieder will im Sommer viele Halb-Marathons laufen. Bevor er zu glücklich mit sich selbst wird, habe ich beschlossen, dass wir ein paar besondere Erlebnisse miteinander teilen sollten.«

»Richtig guter Sex ist großartig«, sagte Babsi und die anderen stimmten eifrig zu. »Klappt das denn mit deinem Kalender?«

»Die Back-Formen waren gestern hinter Türchen Nummer Sieben. Das Backen hat mich heiter gestimmt und mir einen liebevollen, zärtlichen Blick auf meine Vulva geschenkt. Allein das wäre es schon wert gewesen.«

Ihre Freundinnen bekamen allmählich gerötete Wangen. Carolin war sich aufgrund ihrer gestrigen eigenen Erfahrung sicher, dass dies nicht allein am Sekt Rosé lag, sondern an ihren Keksen. Sie erzählte deshalb auch nichts von dem Witz, diesem ›War-ja-nur-Spaß‹-Moment, den sie als sehr verletzend in Erinnerung hatte. Sie wollte auf keinen Fall dieses gute Gefühl zerstören, dass aufgekommen war, weil sie Vulvas aßen, die süß nach Zucker, Vanille und Honig schmeckten. Denen jede ansah, mit wie viel Liebe sie gemacht waren. Stumme Botschafter, sich und das eigene Geschlecht wertzuschätzen.

Am frühen Abend, ihre Gäste waren bereits gegangen, lud Frieder sie ein, ihn zur Eisbahn am Neptunbrunnen auf dem Platz vor dem Roten Rathaus zu begleiten. Eine Freizeitbeschäftigung, vor der sie sich fürchtete und das wusste er. Ihr war das Eis zu glatt, das Stehen auf Schlittschuhen zu wackelig, die anderen Läufer zu schnell, die Läuferinnen zu anmutig. Aber Pakt war Pakt – so galt es auch für sie die Herausforderung anzunehmen. Ihre heimliche Hoffnung war, dass Frieder an der Ausleihe für Schlittschuhe keine Chance auf zwei freie Paare in der richtigen Größe hatte. Während er es trotzdem versuchte, beobachtete sie die Menschen, die im Kreis über das Eis glitten. Eltern mit ihren Kindern, Jugendliche, Paare wie Frieder und sie, Könner, die die Arme locker auf den Rücken gelegt hatten und übers Eis zu schweben schienen, Anfänger, die wild mit den Armen ruderten. Alle wirkten fröhlich und unbeschwert. Vom benachbarten Weihnachtsmarkt wehten die passende Musik und der Geruch nach gebrannten Mandeln und Kartoffelpuffer herüber.

»Du wirst es lieben, versprochen«, sagte er und drückte ihr die Schlittschuhe in die Hand.

»Wie war das mit dem Vertrauen?«, fragte er, nachdem sie zögerte, die Schlittschuhe anzuziehen. Resigniert zog sie die warmen Winterstiefel aus und schlüpfte in die kalten, harten Schlittschuhe. Sie schaute zu Frieder, der seine Schlittschuhe routiniert schnürte und ihr ein aufmunterndes Lächeln zuwarf.

»Was immer du tust, um nicht zu fallen, in die Hocke gehen, dich an mir festkrallen, alles okay, nur eines darfst du nicht tun: beuge dich nie zurück.«

»Bereit?«, fragte er, und als sie nervös nickte, führte er sie vorsichtig auf das Eis.

Nach ein paar wackligen Versuchen, bei denen er sie mit einer Hand im Rücken unterstützte und sie sich an ihn klammerte, lief es ganz gut. Sobald sie sich traute, den Blick von den Schlittschuhen und der Eisfläche zu lösen, fand sie die Kulisse grandios: Der Blick auf den Fernsehturm und auf den Brunnen, um den die Eisbahn herumführte, Neptun mit seinem Dreizack in der Hand mitten in einem gewaltigen Becken, die vier auf dem Beckenrand liegenden weiblichen Aktfiguren, die mit tausenden kleinen

Lichtern beleuchteten Buden und das Riesenrad. Der Eisabrieb knirschte unter ihren Kufen, als sie auf die Bande zusteuerte, um kurz durchzuatmen. Frieder stoppte neben ihr.

»Was hat das mit dem Geschenk zu tun?«

»Gib mir deine Hand.« Er legte eine der ledernen Fessel um ihr Handgelenk, das andere trug er bereits um seines. Über den Karabinerhaken verband er sie miteinander. Der kalte Fahrtwind strich über ihr Gesicht, sie konnte das Rascheln der Jacke von Frieder neben sich hören. Langsam fanden sie einen gemeinsamen Rhythmus. Gerade als sie sich sicher und wie ein frisch verliebter Teenager fühlte, rutschten dem Kind vor ihr die Schlittschuhe weg. Es fiel auf seinen Po. Sie konnte nicht bremsen, stieß mit dem Kind vor ihr zusammen, verlor das Gleichgewicht und wäre beinahe kopfüber hart auf das Eis aufgeschlagen. Doch die Fesseln hielten sie mit Frieder verbunden, dem das Kunststück gelang, abzubremsen und gleichzeitig ihren Sturz abzufangen.

»Alles in Ordnung?«, fragte er besorgt und half ihr und dem Kind auf die Beine. Das Kind schaute kurz irritiert auf den Karabinerhaken. Da kam schon eine Frau angefahren, entschuldigte und bedankte sich.

»Nur ein kleiner Schreck«, beruhigte sie die Frau und glitt gemeinsam mit Frieder ein paar Runden weiter. Als sie die Schlittschuhe wieder auszog, spürte sie ihre kalten, tauben Zehen und das leichte Zittern in ihren Beinen. Aber sie fühlte auch die Wärme von Frieders Nähe, die Veränderungen, die der Kalender mit jedem weiteren Päckchen und der damit verbundenen Aufgabe bewirkte.

»Du warst großartig,« sagte er, als sie die Schlittschuhe gemeinsam zurückgegeben hatten.

»Wie wäre es jetzt mit einem heißen Kakao?«, fragte er.

»Zuhause?«

»Das klingt perfekt«, sagte er lächelnd und machte immer noch keinerlei Anstalten den Karabiner zu lösen. Ihr war das nur Recht, so schmiegte sie sich in der U-Bahn eng an ihn und fühlte, wie die Kälte langsam aus ihrem Körper wich.

Um aus ihren Jacken schlüpfen zu können, mussten sie die Handfesseln lösen. Frieder schob Carolin langsam vor sich her Richtung Sofa. Dort legte er ihr beide Handfesseln an, verband sie miteinander und befahl ihr sitzen zu bleiben. Sie erlebte nun selbst, wie die Erwartung auf etwas Unbekanntes ihre Erregung ansteigen ließ. Ganz so wie sie es im Roman Theater der Lust gelesen hatte. Mit zwei Tassen aus denen der süße, würzige Duft von heißem Kakao aufstieg, kam Frieder zurück. Still saßen sie nebeneinander und tranken in kleinen Schlucken.

Nach einer gefühlten Ewigkeit wandte er sich ihr zu, nahm ihr die Tasse ab, löste den Karabiner nur so lange, bis er ihr Pullover und BH ausgezogen hatte, drückte ihren nackten Oberkörper gegen die Rückenlehne des Sofas und setzte sich wie ein Reiter auf sie. All dies, ohne ein Wort zu sprechen, obwohl er doch so gerne beim Sex redete. Er legte seine Hände auf ihre Brüste, die sich von der Tasse Kakao erwärmt hatten, und ließ sie mit sanftem Druck kreisen. Dabei sah er ihr in die Augen. Sie dachte an die Stelle in dem Buch, wo sich Viktoria mit unendlicher Langsamkeit ausziehen sollte und es immer zu schnell war. Ihr Unterleib reagierte und rutschte hin und her. Frieder ließ sich jedoch nicht antreiben. Minutenlang massierte er mit sanftem Druck weiter.

»Ich habe auch einen geheimen Wunsch«, sagte er. »Da du dich mir ausgeliefert hast, werde ich den nun an dir ausleben.«

Ihr stockte der Atem. Lernte sie nun eine neue Seite von ihm kennen? Was, wenn er sie würgen würde? Von einer solchen Handlung hatte ihr kürzlich eine Mitarbeiterin im Krankenhaus erzählt. Wobei diese geschockt gewesen war, denn es war für sie wie aus dem Nichts gekommen. Ihr Partner hatte während des Sex einfach seine Hände um ihren Hals gelegt und zugedrückt. Durchatmen, Carolin! Durchatmen! Hey, vor ihr saß Frieder! Ihm ging es heute um Vertrauen, und er war ein Lieber. Niemals würde er so etwas tun, ohne zu fragen. Im Knien richtete er sich auf, seine Erektion stand vor ihren Augen. Offensichtlich war seine Vorfreude groß. Sie glaubte, dass er Oralsex wollte und öffnete den Mund. Doch das war nicht sein Wunsch.

»Deine Brüste … sie sind einfach eine Augenweide.«

Durch die Handfesslung schoben ihre Arme die Brüste eng aneinander. So wie er nun rumstotterte, sich wie bei einem Abiturienten eine Röte über die Wangen legte und wie er seinen Körper zurechtbog, wusste sie auf einmal, was er wollte. Schon klemmte er seinen Penis zwischen ihre Brüste. Um für ihn die Reibung und den Druck zu erhöhen, presste sie die Arme noch enger an ihren Oberkörper. Er bewegte sich auf und nieder, drehte ihre Nippel, was ihr gut gefiel. Sein Atem ging schneller, seine Bewegungen wurden drängender, seine Finger drückten ihre Nippel fest und lange. So wie ihre Körper ineinander verhakt waren, war klar, dass sein Sperma ihr ins Gesicht spritzen würde, wenn er seine Stellung so beibehielt. Diese Vorstellung turnte sie ungemein an. Als die Spermafontäne lossprudelte, schloss sie schnell die Augen. Er ließ ihre Nippel los und das Blut schoss zurück, was ihr einen unerwarteten, jedoch heißen Schmerz bereitete.

Erschöpft ließ er sich neben sie auf das Sofa plumpsen, legte seinen Kopf in ihren Schoß. »Diese Challenge ist unglaublich. Was machen wir da?«

»Lauter geile Sachen.«

Ihre Wangen glühten. Sie dachte an die vollen runden Brüste, die sie während der Schwangerschaft haben würde. Ihr Mann würde sie in dieser Zeit vergöttern.

Kalendertür 9

»Ein Armband? Aber es sieht viel zu klein für mein Handgelenk aus, oder?«

»Es ist kein Armband.« Carolin grinste. »Es ist für ein anderes Körperteil.«

Obwohl sie ohne die Aufklärung von Love-Sister auch nicht über die Funktion eines Cock-Ringes Bescheid gewusst hätte, lachte sie über sein ratloses Gesicht.

Sie nahm ihm das Teil aus der Hand. Der Ring bestand aus schwarzem Kautschuk, an dessen offenen Enden jeweils ein aus Sterlingsilber gearbeiteter Löwenkopf saß, an dem wiederum kleinere Ringe befestig waren, durch die das Kautschukband lief.

»So passt du ihn an die Größe deines Prachtstücks an.« Sie verstellte den Durchmesser, damit er die Zweckmäßigkeit dieser Konstruktion verstand.

»Ist das nicht ein schönes Schmuckstück? Als ich es in der Vitrine in dem Geschäft entdeckt hatte, wo ich auch den Kalender gekauft habe, konnte ich nicht widerstehen. Ich habe den schlichten Cockring, der in der Schachtel war, gegen diesen ausgetauscht. Er sieht nicht nur gut aus, sondern ist auch nützlich. Er lässt ihn länger strammstehen. Darf ich?«

Sie griff ihm in die Boxer Shorts, holte seinen Penis heraus, der noch schlaff in ihrer Hand lag. Er reagierte auf ihren sanften Druck und erigierte leicht. »Das ist der perfekte Zustand, um den Ring darüber zu streifen.«

Sie schob ihn bis zum Penisschaft, packte seine goldenen Eier und zog sie ebenfalls durch, sodass das Kautschukband hinter den Hoden saß und die Löwenköpfe vorn.

»Wie ist das Gefühl?«

»Sehr ungewohnt, aber auch gut.« Seine Erektion wurde härter. »Und nun?«

Sie schaute auf die Uhr. »Da der Ring für mehr Durchhaltevermögen sorgt, wir jedoch in fünfzehn Minuten losmüssen, keiner von uns angezogen ist, würde ich sagen: keine Chance auf einen Quickie. Aber ich kann dir verraten, wenn es so weit ist, kannst du dich auf einen Mega-Orgasmus freuen.«

»Ha, ha und was mache ich jetzt?«

»Abwarten? Kaltes Wasser?«

»Nie war Folter schöner.«

»Daran bleiben sollte der Ring jedenfalls nicht. Spätestens nach dreißig Minuten verkehrt sich die Lust in Stress und das Tragen wird schädlich.«

Zum Glück reagierte sein Penis auf diese Aussage.

»Leg ihn doch später noch mal an und schick mir ein Foto.«

»Ein pic dic? Hast du nicht gesagt, das wäre nichts für dich?«

»Aber so schön geschmückt und nach Aufforderung?«

Kalendertür 10

Als Frieder die Demi-Flasche Champagner beim Kalender stehen sah, rutschte ihm ein begeistertes: »Also doch!« heraus, um dann vorsichtig nachzufragen: »Für ein Bad in Champagner ist es zu wenig. Für ein Prickeln im Bauchnabel zu viel. Was hat meine Traumfrau damit vor?«

»Du erinnerst dich an die Zitate aus dem Buch?« Sie hatte eigentlich vorgehabt, die Sache mit dem Champagner gleich am folgenden Tag auszuprobieren. Aber da hatte ihre zu früh einsetzende Periode dazwischengefunkt. Nun war sie vorbei und sie war so gespannt, wie er auf das Angebot reagieren würde. So wie seine Wangen glühten, schien er mehr als gespannt zu sein. »Soll ich dir weitere kleine Hinweise schicken?«

»Das geht auf keinen Fall. Ich habe ein wichtiges Meeting zu leiten und die Bilder, die du mir letztens in den Kopf geschossen hast, machten jeden vernünftigen Gedanken unmöglich. Was keine Ablehnung bedeutet. Ich freue mich auf heute Abend.«

Er trat näher an sie heran, schob ihr sanft die Haare aus dem Gesicht, seines war ganz nah an ihrem.

»Okay.«

Er küsste sie, seine Lippen fest auf ihren, seine Zunge, wild und ungestüm. Seine Hand schob sich in ihr Haar, er presste seinen Unterleib an sie, sodass sie spürte, wie sehr er sich freute.

Carolin dachte an ihrem Schreibtisch sitzend ununterbrochen daran. Und plötzlich hatte sie Panik. Wenn die Champagnerflasche bei dem Spiel kaputt ginge? Unwahrscheinlich! Eine Flasche war sehr stabil. Wenn sie den Weg vom Hersteller bis zum Handel und dann zum Verbraucher schaffte, wenn sie dem Überdruck des Getränkes selbst standhielt, würde sie durch ein paar sanfte Bewegungen in einem Körper nicht zerbrechen. Das konnte sie also ausschließen. Sie dachte an ihr mangelndes Interesse im Physikunterricht. Da war die Rede von Unterdruck. Wie entstand denn so ein Unterdruck und gab es die Gefahr, dass die Flasche in ihr steckenbliebe? So wie das Glas bei diesem kleinen Experiment, dass sie als Kind gern gemacht hatte. Sie hatte so lange an ihm gesaugt, bis sie es loslassen konnte und es fest an ihrem Kinn saß. Sie erinnerte sich an die Panik am Anfang, dass es sich niemals wieder lösen würde. Was jedoch jedes Mal der Fall gewesen war. Einmal hatte sie es allerdings übertrieben und als das Glas sich löste, hatte sie einen Bluterguss. Konnte das auch mit einer Flasche passieren? Das musste sie unbedingt klären. Sie schickte Frieder eine WhatsApp-Nachricht: »Hast du als Kind auch Gläser ans Kinn gesaugt? Warum blieben die eigentlich haften?«

Ungefähr um die Mittagszeit kam endlich die Antwort. » Durch das Absaugen der Luft hast du einen Unterdruck im Glas erzeugt, und der äußere Druck hat es am Kinn haften lassen.«

»Und würde das auch mit einer Flasche funktionieren? Einer Flasche Champagner beispielsweise? « Die Nachricht garnierte sie mit drei schreienden Smileys.

»Ich sitze gerade mit vier Männern am Mittagstisch. Ich frage mal.« Und dazu schickte er lachende Smileys. Ihr war gar nicht nach Lachen zumute. Natürlich wusste sie, dass er niemals verraten würde, was sie tatsächlich vorhatten. Aber das mulmige Gefühl blieb.

Gegen Nachmittag kam eine E-Mail. »Wir haben das Phänomen besprochen, warum das beim Trinken aus einer Flasche nicht passiert. Es entsteht kein Unterdruck, weil sich Flüssigkeiten anders verhalten als Luft. Während das Getränk herausläuft, kann ohnehin kein Unterdruck entstehen. Natürlich könnte er durch extreme Temperaturveränderung auftreten, aber das ist bei unserem Vorhaben nicht der Fall. Ich habe vorsichtshalber noch in einschlägigen Foren gegoogelt. Dazu gab es tatsächlich Beiträge. Ich bin kein Physiker, doch was ich verstanden habe, ist genau dasselbe wie beim Trinken. Solange der Champagner herausfließt, entsteht kein Unterdruck. Die Recherche hat meine Vorfreude kein bisschen gedämpfte. Ich finde gut, dass wir uns kundig machen. Schließlich ist es besser im Falle eines Falles gewappnet zu sein, als hilflos herumzurennen. Lass es uns ausprobieren und genießen.«

Bevor Frieder nach Hause kam, wollte sie alles vorbereitet haben. Das Licht, ein Handtuch im Bett, die Flasche im Eiskühler und natürlich sie selbst. Da fiel ihr die Abmachung wieder ein, die er aufgestellt hatte – alles außerhalb vom Schlafzimmer.

Also beschloss sie, das große Experiment in die Küche zu verlagern. War vielleicht auch mit den Kerzen ungefährlicher. Der Tisch hatte eine gute Höhe, denn er sollte schließlich aus ihr trinken. Als er in die Küche trat, saß sie mit angewinkelten Beinen auf einem Handtuch auf der Küchenanrichte. Sie trug nur ein schwarzes Unterbrustkorsett, das ihre Taille um etliche Zentimeter schlanker erscheinen ließ. In der Hand hielt sie das Buch und neben ihr stand die Flasche Champagner im Sektkühler.

»Bist du sicher?«, fragte er mit belegter Stimme.

»Weißt du, dass dieser Satz eins zu eins in dem Buch steht?« Sie klappte das Buch auf und begann langsam zu lesen. »Bist du sicher, dass du es willst?« Ich nicke und lehne, abgestützt auf die Ellenbogen, meinen Oberkörper leicht zurück. Langsam öffne ich meine angezogenen Beine, spüre, wie hilflos erregt, wie bereit ich bin. Gil gleitet vom Bett und kniet sich auf den Teppich. Das Glas der Flasche wandert meine Vulvalippen entlang, sodass ich die Form fühle. Sie schüttelt sie leicht und lässt den Korken in ihre Hand ploppen. Dann schüttelt sie die Flasche heftig, wobei sie die Flüssigkeit mit dem Daumen in der Flasche hält, und platziert sie geschickt zwischen meinen Oberschenkeln. Als sie den Daumen von der Öffnung löst, schießt eine Champagner-Fontäne hervor, trifft klatschend meinen Bauch und versiegt auch nicht, nachdem Gil den Flaschenhals entschlossen in mich geschoben hat. In Bruchteilen von Sekunden verstehe ich, dass nicht der schmale Flaschenhals entscheidend ist. Es ist die Champagner-Fontäne, die mich kraftvoll füllt. Die Lust und die Erkenntnis lassen mich laut aufkeuchen. Mein Herz hämmert vor wilder Freude über diesen Spaß. Da zieht Gil die halbleere Flasche aus mir heraus und presst ihre roten Lippen auf die vom Champagner benetzten, gekühlten Schamlippen. Ihr Mund saugt die Flüssigkeit aus mir. Ich hebe mein Becken, bis sie mich leergetrunken hat.

Carolin schaute ihn an. »Ich bin so bereit wie diese Viktoria. Und du?«

Er nickte, nahm ihr sanft das Buch aus der Hand.

»Soll ich mich noch ausziehen? Keine Ahnung, was jetzt das Richtige ist.«

Sie lachte, ob seiner Unsicherheit und war gleichzeitig komplizenhaft erleichtert, denn ihre Beine zitterten ebenfalls. »Bleib doch in deinem Anzug. Darin siehst du unglaublich sexy aus.« Sie fuhr mit der Hand über den Stoff. »So elegant, wenn dieser Mann mich jetzt küssen würde, würde mir das sehr gut gefallen.«

Er beugte sich zu ihr herüber. Der Anzugsstoff rieb an ihren Schenkeln. »Gott, stöhnte sie.

»Meine Göttin«, war seine Antwort. Während er die Flasche vorbereitete, fühlte sie sich wie in der Kabine eines Freifallturms, die langsam nach oben gezogen wurde. Ihr Mund wurde trocken, ihre Knie zitterten, in ihre freudige Erwartung mischte sich ein herrliches Gefühl der Angst. Als der Champagner in ihre Vagina schoss, war es wie beim Senkrechtsturz. Ein Gefühl, als müsse sie sterben und würde sofort wiedergeboren.

Kalendertür 11

Carolin wachte auf. Noch bevor sie die Augen aufschlug, spürte sie den Körper ihres Mannes neben sich, seine Wärme strahlte bis zu ihr. Der Abstand, der über die letzten Monate zwischen ihnen bestanden und sich auch räumlich im Bett gezeigt hatte, war geschrumpft. Kalendertür für Kalendertür hatte er sich Zentimeter um für Zentimeter verkleinert.

Sie betrachtete Frieders entspanntes Gesicht. Das Starre, Verkrampfte, das sie so oft darin gesehen hatte, war verschwunden. Auch sie fühlte eine aufgeregte Lebendigkeit wie seit Monaten nicht mehr. Ihre Fingerkuppen strichen federleicht über seinen Brustkorb, der sich gleichmäßig hob und senkte. Da schlug er die Augen auf, lächelte und zog sie an sich.

Beim Frühstück fiel sein Blick auf die geleerte Champagnerflasche und das Buch. Seine Augen glänzten bei der Erinnerung daran. »Was für ein Rausch. Ich bin so beschenkt worden von dir. Danke.«

»Ist es nicht schön, wie zwischen uns wieder Leidenschaft und Zuneigung wächst?«

Er nickte. »Dennoch, habe ich eine Bitte, lass uns Tempo herausnehmen. Wir rasen von einem Kick zum nächsten durch die Adventszeit. Muss es wirklich jeden Tag ein neues Sex-Gadgets sein? Ich komme nicht mehr zum Laufen und das ist mir auch sehr wichtig. Während der Arbeitszeit verstecke ich mich auf der Toilette und mache Fotos von meinem Penis, während meine Assistentin eine Liste mit Aufgaben abarbeitet, die ich ihr zusammengestellt habe. Das erscheint mir doch ein wenig irre.«

Die Angst, dass er nun abbrechen würde, konnte er vermutlich auf ihrem Gesicht ablesen. Beschwichtigend legte er seine Hand auf ihre.

»Du möchtest an die Anfänge unserer Beziehung anzuknüpfen, an die glückseligen Momente, das Begehren.« In seiner Stimme lag tiefe Zärtlichkeit. »Dennoch, die Frage: Können wir es reduzieren? Ich will dieses Erlebnis von gestern nachwirken lassen und nicht gleich einen neuen Eindruck hinterherjagen. Was meinst du?«

Es hatte ihr Spaß gemacht, ihn herauszufordern. Doch sie verstand ihn auch. Sie war selbst dauererregt. Überall sah sie erotische Möglichkeiten, egal ob sie eine Sektflasche sah, ein Mistelzweig oder phallisch geformte Alltagsdinge.

Sie hielt den Kopf gesenkt und fragte mit gepresster Stimme. »Wie soll es nun weitergehen?«

»Carolin, schau mich an«, sagte Frieder. »Ich genieße es, wirklich. Wie wäre es mit jedem zweiten Tag?«

Erleichtert nickte sie. Es war also nicht zu Ende. Diese Entscheidung gewährte auch ihr mehr Zeit nachzuspüren, zu genießen. Sie zog seinen Kopf zu sich herunter und küsste ihn. Und das Gefühl war so intensiv, dass sie spürte: Sie liebte ihn.

Trotz dieser Kursänderung summte Carolin an ihrem Arbeitsplatz vergnügt vor sich hin. Das Experiment stimmte sie froh, euphorisierte sie und sorgte darüber hinaus für eine schimmernd schöne Haut. Babsi fragte, wie sie das mache. Sie würde jeden Tag schöner. Da konnte sie nur einen Tipp geben: Sex macht schön!

Kalendertür 13

»Wie wäre es mit einem weihnachtlichen Bummel? Da kannst du die Kette unter dem Pullover tragen und bei einer guten Gelegenheit zeigst du sie mir.«

Das klang aufregend. Sie legte die goldfarbene feingliedrige Kette um ihren Hals. Daran waren weitere Kettenstränge befestigt, die sich um ihre Brüste schmiegten. Das sah sehr sexy aus. Darüber zog sie einen weichfallenden Pullover, den sie schnell nach oben ziehen konnte. Sie plante, Frieder einfach in eine Boutique oder Kaufhaus zu locken und ihm dort in einer Umkleidekabine den Anblick zu gönnen. Doch er strebte Richtung Wintermarkt. Wo sich Glühwein-, Lebkuchen- und künstlicher Tannenduft aus paffenden Räuchermännchen mit zünftigen Essengerüchen von Kartoffelpuffern und Bratwurst mischte.

Frieder schob sich durch die Menschentraube vor zum Glühweinstand. Ihr Atem stieg als Dampfwolke vor ihr auf. Ihr war kalt. Mit den Füßen auf und ab zu stampfen nützte wenig. Ihre Hände wärmte sie an dem Glühweinbecher, den Frieder ihr gereicht hatte. Verdammt, warum hatte sie auch die Handschuhe vergessen? Ständig dachte sie darüber nach, an welchem Ort und bei welcher Gelegenheit, sie ihm die Kette zeigen könnte, was sie ganz kirre machte. Sie hätte nie gedacht, dass es so aufregend würde. »Ich werde noch ganz verrückt. Wenn ich so darüber nachdenke, sind meine Brüste, wie jede andere Brust einer Frau, die in Zeitschriften und im Internet zu sehen sind und doch möchte ich nicht, dass jemand Fremdes sie sieht.« Dabei zog sie eine verzweifelte Grimasse.

Da nahm Frieder ihr die Entscheidung ab, indem er sie hinter den Keramikstand zog. Dort war es menschenleer. Nur aus dem Schaufenster des Taschengeschäfts fiel Licht.

»Hier« sagte er. Seine Stimme lag eine Oktave tiefer, als sie eigentlich war.

Er zückte sein Smartphone. »Das muss ich festhalten.«

Mit klammen Fingern öffnete sie den Reißverschluss der Winterjacke. Als sie den Pullover nach oben riss, spürte sie sofort die kalte Luft an ihren nackten Brüsten. Es dauerte eine gefühlte Ewigkeit, bis er nickte und sie wollte den Pullover wieder nach unten ziehen. Doch nach einem Blick auf das Display sagte er grinsend: »Das ist unscharf. Vielleicht solltest du weniger zittern?«

Die nächsten Sekunden waren die längsten ihres Lebens. Ihr Körper fühlte sich an, als läge sie nackt in einer Schneewehe. Sie hörte Geplapper, das immer näher kam und sie konnte davon ausgehen, dass sie gleich nicht mehr allein sein würden. Aber Frieder hatte sein Foto immer noch nicht gemacht. »Es ist so kalt, ich glaube, es sind meine Hände, die zittern.«

Da ließ sie die Angst entdeckt zu werden, wie einen Stein in den Brunnen fallen. Es war nicht schwer. Sie riss die Jacke weiter auf, drückte die Brüste vor, spannte die Muskeln an, um weniger zu zittern und gerade als die Gruppe von Frauen um die Ecke der Bude bog, nickte er. Foto gelungen! Die Frauen trugen dicke Thermomäntel. Sie schlangen die Arme um sich und deuteten ein Frösteln an, als sie Carolin mit geöffneter Jacke stehen sahen. Rasch schloss sie ihren Mantel. »Das war knapp.« Sie küsste ihn auf die Wange und kicherte. »Ein zweiter Glühwein wäre jetzt fein.«

Kalendertür 15

Es waren minus sieben Grad, doch ein Wintertag wie aus dem Bilderbuch. Der Schnee bedeckte die Felder und Büsche mit seinen weißen Kristallen. Die Zweige der Bäume bogen sich unter der Last des pappigen Neuschnees. Die Sonne ließ den Schnee glitzern. Tierspuren zogen sich quer über das Feld. Spaziergänger hatten bereits vor ihnen schmale Pfade ins frische Weiß getrampelt, denen Carolin und Frieder auf ihrem Winterspaziergang folgten. Die Würfel, die sich hinter der Kalendertür fünfzehn verborgen hatten, trug Frieder in der Manteltasche. Sie hatten ausgemacht, dass sie alle zehn Minuten fallen sollten. Lippen – Ohren – Brüste – Nippel – Nacken – Po konnten zusammen mit Küssen – Berühren – Saugen – Kitzeln – Massieren – Lecken zusammentreffen.

Damit die Würfel gut rollten, hatten sie das Schachspielbrett mitgenommen. Frieder bekam den ersten Wurf: ›Ohren‹ und ›Massieren‹ fielen zusammen. Er zog die Handschuhe aus und schob ihre Pelzmütze, die ihre Ohren vor der Kälte schützten, nach oben. Sachte nahm er ihre Ohrläppchen zwischen die Finger und massierte sie. »Du hast ausgesprochen hübsche Ohren. Das ist mir noch nie aufgefallen.«

Zehn Minuten später würfelte sie ›Nacken‹ und ›Berühren‹ und sie liebkoste mal sanft mal kräftig Frieders Nacken. Dazu stellte sie sich auf einen Stapel abgesägter Baumstämme. Schließlich gingen sie weiter. Der Schnee knirschte laut unter ihren Sohlen. Waren ihnen auf dem freien Feld vereinzelt anderen Spaziergängern begegnet, waren sie am Waldrand entlang nun ganz allein. Nachdem er gewürfelt hatte, schob er sie an den Schultern gegen einen Baum, umschloss ihr Gesicht mit den Händen und küsste sie so stürmisch, dass ihre Zähne aneinanderschlugen. So ging es weiter und weiter. Die dicken Schneehauben auf Zweigen und Ästen verzauberten den Wald und dämpfte die Geräusche. Die Stille wurde nur unterbrochen, wenn

Schnee von den Zweigen zu Boden fiel. Vom Bann des Würfelspiels gezogen drangen sie immer tiefer in den Wald. Hinter einem dicken Stamm schob Frieder Schal, Mantel und Pullover beiseite und saugte an ihren Brüsten, die sie ihm entgegen reckte. Trotz der Leidenschaft, die sie empfand, starrte sie ängstlich zwischen die Bäume und betete, dass niemand kam. Vor Kälte und Nervosität glaubte sie ohnmächtig zu werden und dann war es schon vorüber und sie gingen weitere zehn Minuten Hand in Hand durch die Stille, bis Carolin wieder mit Würfeln dran war und die Kombination ›Brüste‹ und ›Kitzeln‹ fiel. Sie entschied sich dafür, ihn nur sanft mit den Fingerspitzen um die Brustwarzen herum zu kitzeln. Als Frieder an der Reihe war, massierte er zärtlich und dennoch kraftvoll ihren Po. Dabei standen sie dicht beieinander, sodass sie die Kraft seiner Schenkel spürte. Der Schnee rieselte in ihren Nacken. Doch die Hitze, die von Frieder ausging, wärmte sie. Sie spürte, wie hart sein Geschlecht war und stöhnte seinen Namen.

Ständig setzten sie sich unter Strom, genossen die sinnlichen Berührungen. Auf einer Lichtung drückte sie ihren Mund auf seinen, erkundete ihn mit ihrer Zunge, als wäre er ein Unbekannter anstatt ihr Ehemann. Obwohl die Kälte langsam unter ihre Kleidung kroch, ja, selbst in ihre warmen Stiefel sickerte, empfand sie die Kleidungsstücke nur noch als Hindernisse. Im Wald wurde es dämmrig, und auf dem Rückweg zu ihrem Auto sprachen sie darüber, wie schön es jetzt wäre, in einer Hütte mit einem knisternden Kaminfeuer zu sein, sich ausziehen und sich bis zur Erschöpfung auf einer Felldecke zu lieben.

Stattdessen fuhren sie im überheizten Auto wieder Richtung Berlin. Carolin wollte gerade bitten, die Heizung herunterzuregeln, als Frieder abrupt von der Hauptstraße abbog und auf einen Feldweg fuhr. Dieser schlängelte sich hinter dichtem Buschwerk entlang. Im Scheinwerferlicht, das die Dunkelheit nur spärlich erhellte, erspähte er eine Lücke. Dort brachte er den Wagen zum Stehen.

Er grinste: »Abgeschieden genug, um hier die Hüllen fallen zu lassen?«

»Okay«, sagte sie. »Das ist wirklich abgefahren.« Es war still, abgesehen vom ständigen Brummen des Motors. Beruhigend und unermüdlich klang es, wie das zuverlässige Pumpen eines Herzens. Sie wollte nicht mehr reden und vor allem wollte sie nicht sagen, dass heute der erste ihrer fruchtbaren Tage war!

So ein Auto war verdammt eng, das hatte sie vergessen. Trotz aller Gier blieben sie zum Teil bekleidet. Nicht nur weil jederzeit doch ein Spaziergänger oder Hundebesitzer am Fenster stehen konnte, was der Geilheit keinen Abbruch tat, sondern weil Frieder auf Grund seiner Größe trotz aller Beweglichkeit nicht aus seiner Hose herauskam. Ihr hingegen gelang das Kunststück. Wohin mit Armen, Beinen und Knien? Frieder schob seinen Sitz weit nach hinten. Sie kletterte zu ihm hinüber und setzte sich in der Reiterstellung auf seinen Schoß. Seine Finger auf ihrem Gesicht, die Nähe und Wärme seines Körpers – sie atmete ihn ein, beugte sich, so gut es ging, zu ihm hinunter und küsste ihn. Ihr Haar fiel auf seine Wange. Die Scheiben beschlugen. Trotz aller Verrenkungen meisterte sie die Herausforderung auf engstem Raum sein bestes Stück in sich aufzunehmen. Ihren Kopf hielt sie gesenkt, um nicht gegen die Decke zu knallen. Er unterstützte ihren Ritt mit seinen Händen auf ihren Hüften. Und das, was sie erlebte, war die Akrobatik wert. Er liebte sie mit dieser Intensität und fiebrigen Leidenschaft aus ihrer Studienzeit. Sie lachte und stöhnte. Trotz ihrer brennenden Oberschenkel betete sie, dass dieser Moment noch eine ganze Weile dauern möge. Im nächsten wünschte sie sich, dass er kam und als es so weit war, klammerte sie sich an ihm fest. Er hielt die Augen geschlossen und sie betrachtete in der Dunkelheit sein ovales Gesicht. Minutenlang verharrten sie eng umschlungen, bis sie ihm zärtlich über die Wange strich. »Wie schön, dass es dich gibt.«

Da schlug er die Augen auf, seufzte und half ihr, sich von ihm zu lösen und wieder zurück auf ihren Sitz zu klettern.

Auf der Heimfahrt sangen beide laut ein paar ihrer Lieblingslieder der Hörer-Weihnachtshitparade des Radiosenders mit, die zum Glück nicht nur aus Weihnachtsliedern bestand. Das Zusammengehörigkeitsgefühl, das nach gutem Sex entstand, hatte sie fast schon vergessen. Ja so, genauso sollten zukünftige Kinder gemacht werden. Aus Liebe und mit einer ordentlichen Portion Abenteuerlust verbunden.

Kalendertür 17

»Wo willst du denn damit hin?«, fragte Carolin verblüfft als sie das Massageöl, das am Morgen im Kalender gewesen war, aus Frieders Jackentasche blitzen sah.

»An einen Ort, an dem wir noch nie waren.«

Zuerst hatte er sie heute mit dem Angebot auf einen frühabendlichen Spaziergang durch den Kollwitzkiez überrascht und jetzt noch ein geheimnisvoller Ort?

Sie liefen abseits der stark frequentierten breiten Gehwege eine schmale Seitenstraße entlang. Vor dem Haupteingang einer Kirche blieb er stehen. Sie hatte eine unscheinbare Fassade und war zwischen den Wohnhäusern eingeklemmt.

Sie besaß einen großen Glockenturm, einen kleinen Turm und ein breites Eingangsportal.

»Seit wann bist du gläubig? Oder gehst du heimlich in die Kirche? Ist das eine deiner Fantasien?«, neckte sie ihn.

Statt einer Antwort stieß er die aufwendig gestaltete Tür auf.

»Wow«, sagte sie nur. Sofort war sie vom imposanten, kunstvoll bemalten Innenraum überwältigt. Mit dieser Pracht hatte sie nicht gerechnet.

Vor achtzehn Tagen hatte sie schon einmal das Gefühl gehabt eine Schwelle zu überschreiten, von der Alltagswelt in die Welt der Lust. Und das Überschreiten der Türschwelle ins Innere der Kirche war ebenfalls ein Wechsel in eine andere Welt. Nicht nur weil der starke Geruch des Weihrauchs vom Adventsgottesdienst noch nicht verflogen war, nicht nur weil die Menschen sich bedächtiger bewegten oder leise sprachen. Es war das Gefühl der Ruhepause. Die Besucher mussten hier nichts tun. Nichts entscheiden, nicht arbeiten, nichts kaufen.

»Das ist wie in Italien«, flüsterte sie. Komisch, dass man in Kirchen unwillkürlich die Stimme senkte. An den Wänden gab es zahlreiche Darstellungen von Heiligen. Auf der Wand hinter dem Hauptaltar war ein überlebensgroßer segnender Christus gemalt. Den Schnittpunkt von Haupt- und Seitenschiff überragte eine Kuppel, die sie begeisterte: Die schiere Höhe, eine architektonische Meisterleistung sowie die mit gelber, türkisener und roter Farbe aufgebrachte Dekorationsmalerei. Vermutlich handelte es sich um christliche Symbole, mit denen kannte sie sich nicht aus. Doch selbst ohne die Bedeutung zu verstehen, wirkte die Kuppel majestätisch. Trotz dieser beeindruckenden Schönheit hielten sich nur wenige Menschen im Kirchenraum auf. Die Einkaufsmeilen mit ihren Angeboten waren für die Meisten viel verlockender als die stille Atmosphäre hier. Sie hingegen hatten sich auf die Kirchenbank in der vordersten Reihe gesetzt und in den Pausenmodus geschaltet. So wie es ihr Sicherheit gab, Frieder an ihrer Seite zu haben, galt dasselbe vielleicht für andere, Gott an ihrer Seite zu wissen. Die Kerzen, die in Gedenken an einen Heiligen, einen geliebten Menschen oder einen Wunsch angezündet worden waren, flackerten im Luftzug.

Frieder zog seine Lederhandschuhe aus und rieb seine Hände aneinander. War ihm kalt? Unvermittelt stand er auf und sie wollte sich ihm anschließen. Da kniete er sich zu ihren Füßen, befreite ihren rechten Fuß vom Stiefel und der Wollsocke. Er stellte ihn auf seinen Oberschenkel, holte das Massageöl aus der Tasche, goss eine kleine Menge in seine Hand, stellte die Flasche unter die Bank und rieb seine Hände wieder aneinander. Noch während sie sich wunderte, begann er ihren Fuß zu massieren. Ihr Herz schlug rascher. Nervös schaute sie sich um. Niemand beachtete sie. Seine warmen Hände fühlten sich wunderbar an. Sie beschloss, es zu genießen. Später glaubte sie, der Weihrauch habe ihr geholfen, sich trotz anfänglich leichter Panik schnell entspannen zu können. Weihnachtsdüfte waren Düfte der Vorfreude und dieser würde nun immer mit dem Glück verknüpft sein, dass sie gerade empfand. Sie blickte hoch in das Gewölbe. Entspannt schloss sie die Augen. Genoss das Kitzeln im Bauch, auch wenn sie wusste, dass es ungeheuerlich war, in der Kirche eine so intime Nähe auszukosten. Minuten verstrichen, in denen das Glück selbst in sie hineinzufließen schien. Plötzlich erklangen Orgeltöne. Da schien jemand für das Weihnachtskonzert zu üben, auf das mit einem Plakat an der Tür hingewiesen worden war. Nach ein paar Takten erkannte sie das Lied Es ist ein Ros entsprungen, das sie auch bei einem Adventskonzert in ihrer Schulzeit gesungen hatte. Sie war gerührt und ja, es war auch ihre emotionale Stimmung, die sie immer während der Zeit ihres Eisprungs spürte. Sie weinte, weil es so schön war, wie sie in der Kirchenbank saß, und Frieder zu ihren Füßen. Wenn es eine himmlische Vorhersehung gab, dann hatte sie es so eingerichtet, dass Frauen um ihren Eisprung herum unbändige Lust auf Sex hatten. Was wiederum der Lehre der Kirche widersprach. Galt der Mensch doch sofort als sündig, sobald der Beischlaf mit Lust vollzogen wurde. Das war alles ziemlich verwirrend. Vermutlich war es aber ein kluger Schachzug der Natur, um das Fortbestehen der Menschheit zu sichern. In der Stille dieser friedlichen Atmosphäre wünschte sie sich jedenfalls nichts mehr, als ein Kind von Frieder und dass sie gestern mit Lust dieses Kind gezeugt hatten. Mitten in diese Überlegungen hinein platzte eine verärgerte Stimme im tiefsten Bass. »Was machen Sie da?«

»Ich massiere meiner Frau den Fuß.«

»Das können Sie hier nicht machen.«

»Wieso nicht?«

Keine Ahnung, mit wem sich da Frieder auseinandersetzte, war es ein Kirchendiener oder ein Kirchgänger? Sie wagte nicht hinzusehen.

»Das gehört sich einfach nicht«, empörte sich die Stimme weiter.

»In der Bibel gab es doch auch Salbungen.«

»Könige wurden gesalbt, Propheten und Jesus.« Der Mann wurde laut. »Sie wollen das doch nicht mit dem vergleichen, was Sie machen.«

Vielleicht sollte sie doch die Augen aufmachen und Frieder beistehen? Doch da er immer noch mit ruhiger Hand ihren Fuß hielt und kein bisschen hektisch wurde, benötigte er noch keine Hilfe.

»Was mache ich denn Schlimmes?« Er sprach langsam, betonte jede Silbe, seine Finger kneteten ihre Zehen. »Ist die Kirche nicht ein gastliches Haus und ist es nicht ein Ausdruck von Wertschätzung und Ehre, seine Gäste zu salben?«

Die Orgel verstummte.

»Herbert, lass doch die jungen Leute«, griff eine Frauenstimme in den Disput ein. »Ist doch schön, wenn die Kirche von ihnen besucht wird.«

Carolin hörte, wie sich scharrende Füße entfernten. Erleichtert öffnete sie die Augen und sah den beiden älteren Herrschaften nach, wie sie den roten Teppich im Mittelgang in Richtung Ausgang schlurften.

»Puhhh«, erleichtert atmete sie aus. Sah gleichzeitig, dass der Organist eine Organistin war und dass sie von der Empore zu ihnen hinunterblickte. Auch andere schauten nun zu ihnen herüber. Alle hatten mitbekommen, dass etwas Ungewöhnliches passierte.

Unterdessen zog Frieder ihr wieder Socke und Stiefel an.

»Die Kirche schließt eh um 18.30 Uhr. Lass uns gehen.«

Sie simulierte ein Humpeln, sodass es für die anderen, die mit ihnen zum Ausgang strebten, wirkte, als sei sie verletzt und ihr Mann habe lediglich erste Hilfe geleistet.

Als sie spät am Abend zu Frieder ins Schlafzimmer kam, ertappte sie ihn, wie er die Nase in ihr Schlafhemd steckte. Verlegen reichte er es ihr. »Es riecht nach dir. Ich kann gar nicht genug davon bekommen. Ich kann gar nicht mehr genug von dir bekommen.«

Er küsste sie lange und zärtlich, schob die Hand unter das gerade angezogene Schlafhemd. »Das muss ich dir schon wieder ausziehen.«

Kalendertür 19

Am Vormittag bekam Carolin eine E-Mail von Love-Sister:

Liebe Carolin,

wie kam Dein Adventskalender bisher an? Ich hoffe, ihr hattet schon ein paar vergnügliche Stunden mit den Überraschungen. Wie hat Dir der erste Band ›Theater der Lust - MUT‹ von Ines Witka gefallen? Nun könnte aus Mut

Rausch werden und wenn du nicht genug bekommen kannst, gibt es noch den dritten Band MAGIE. Wir haben gerade heute Morgen wieder einige Exemplare hereinbekommen. Wäre das noch was für Deinen Adventskalender? Herzliche Grüße, Love-Sister

Carolin hatte das Buch gut gefallen. Sie fand es ein mutiges Buch. Im wahrsten Sinne des Titels. Viktoria brauchte Mut und die Leserinnen selbst auch. Einige Szenen waren herausfordernd. Schließlich standen darin Fantasien, die ziemlich hart zu lesen waren und zumindest ihre Freundinnen hatte nie von solchen Vorlieben erzählt. Es interessierte sie sehr, wie es mit Viktoria weitergehen würde. Welche ihrer Fantasien sie noch in die Tat umsetzen würde. Sex ohne Liebe, wie er im Buch geschildert wurde, war ihr fremd. Aber wer weiß, vielleicht würde sich Viktorias Verhältnis zu Gil und Ralf in diese Richtung weiterentwickeln.

In ihrer Mittagspause ging sie in die Boutique Erotique von Love-Sisters, um sich das neue Buch zu kaufen. Doch als sie das Cover sah, schreckte sie zurück.

»Sagtest du nicht, du suchst den Rausch? Ich kann dir versichern, dass ich es in einer Nacht verschlungen habe. «

Unschlüssig drehte Carolin das Buch um und las den Klappentext.

»Es ist ungeheuer sexy! Wie haben dir die Szenen mit François gefallen?«

»Gut!« Sie dachte kurz daran, Love-Sister von ihrem Erlebnis mit dem Champagner zu erzählen.

»Er hat wieder einen Auftritt. Und – falls du selbst einmal auf eine erotische Party gehen möchtest – hier wird sehr gut beschrieben, was dort passieren kann.«

Carolin freute sich, dass Francois wieder eine wesentliche Rolle zukam. Seine Inszenierungen fand sie am sinnlichsten. Sie wünschte sich, dass Frieder einmal eine solche Rolle übernehmen, sie ans Bett fesseln und sie mit einem Handschuh schlagen würde. Also kaufte sie das Buch. Auf der U-Bahn-Fahrt zum Treffpunkt mit Frieder verfolgte sie gespannt den Party-Besuch Viktorias. Unglücklicherweise war sie voller Scham und konnte sich einfach nicht ausleben. Das konnte Carolin sehr gut nachvollziehen. Auch der Gedanke, den die Autorin zu verfolgen schien, dass Sexualität oft gesellschaftliche Realitäten widerspiegelt und nichts mit eigenen Begehrlichkeiten zu tun hat. Diese faszinierenden Gedanken wollte sie mit Frieder diskutieren. Das würde ihn sicher interessieren, schließlich waren sie damals in dem Seminar über das Sexualstrafrecht heftig aneinandergeraten. Noch mehr freute sich allerdings darauf, mit ihm die prickelnden Szenen zu teilen. Doch all dies konnte nicht heute stattfinden. Heute waren Tickets für einen Besuch des Tierparks im Adventskalender gewesen und für sie das Rosenquarz-Ei, von dem Babsi so geschwärmt hatte.

Es war gegen 18 Uhr, als sie Frieder in der U-Bahn Unterführung traf. Obwohl es eisig kalt war, hatte die kleine Blumenfrau aus Vietnam den Blumenstand immer noch geöffnet. Die Unterführung war hässlich und zugig. Gewiss kein Ort, der dazu einlud, die Öffnungszeiten voll auszureizen. Dennoch war Hoa noch da. Sie saß im Daunenmantel, dicken Handschuhen und Mütze mit Ohrenklappen umgeben von ihren Blumenkübeln auf einem Klappstuhl. Die Trostlosigkeit des Ortes wurde durch die Adventsgestecke, den roten, weißen und mit Glitzer besprühten Weihnachtssternen im Regal nicht gemildert. Hoa und Carolin nickten sich zu. Sie war Stammkundin bei ihr. Auch den Mistelzweig, den sie über ihre Wohnungstür befestigt hatte, hatte sie bei Hoa gekauft.

»Heute U-Bahn spät, schon 30 Minuten«, rief sie Frieder und Carolin zu.

»Oh Mist«, antwortete Carolin. »Wir haben Karten für Weihnachten im Tierpark. Die gelten nur innerhalb von einem gewissen Zeitfenster, schaffen wir das dann überhaupt?« Mit dieser Frage hatte sie sich an ihren Mann gewandt. »Wie wäre es mit einem Taxi?«

»Das wird schwierig. Alle suchen verzweifelt Taxis. Lass uns lieber zum Alexanderplatz laufen, ist vermutlich schneller und dann mit der U5 weiter.«

In der U-Bahn fragte Frieder: »Was meinst du, weiß Hao vom Brauch sich unter dem Mistelzweig zu küssen?«

»Keine Ahnung, soweit ich weiß, ist sie Buddhistin. Ist das nicht ein christlicher Brauch?«

»Vermutlich nicht, wahrscheinlich hat ihn die Kirche nur übernommen.«

Während der Fahrt suchten sie nach dem Ursprung der Tradition des Kusses unterm Mistelzweig und Frieder hatte Recht. Ursprünglich verehrten die Kelten die Mistel als heilige Pflanze mit magischen Kräften. Sie glaubten, dass sie Glück, Fruchtbarkeit und Heilung bringen konnte. Für die Germanen waren sie Glücksbringer zur Wintersonnenwende.

»Die Sage drumherum ist auch hübsch«, sagte er und las ihr vor. »Es gab eine Prophezeiung, die besagte, dass Balder, der Gott des Lichtes und der Reinheit, getötet wird. Geht diese in Erfüllung, wird die Welt der Götter und Menschen untergehen. Frigg, seine Mutter bat daraufhin alle Tiere und Pflanze, ihren Sohn zu verschonen, nur die Mistel hatte sie vergessen. Loki, der Gott des Unheils und der Zwietracht sorgte mit einer List dafür, dass Balder durch einen Mistelzweig getötet wird. Die Tränen, die Frigg daraufhin um ihren Sohn vergoss, verwandelten sich zu den weißen Beeren des Mistelzweigs.«

»Verstehe, aber warum wird dann unter dem Mistelzweig geküsst?«

»Nach Balders Tod sorgte seine Mutter Frigg, dafür, dass die Mistel von nun an ein Symbol der Liebe und des Friedens sein sollte. Wer unter einem Zweig hindurchging, sollte weder getötet noch verletzt, sondern geküsst werden.« Plötzlich stutzte er. »Oh, das wird dir nicht gefallen: Wird eine Frau nicht geküsst, wird sie im nächsten Jahr weder heiraten und noch die Liebe im neuen Jahr erfahren. Will sie einer küssen, kann sie den Kuss nicht verwehren. Der Mann hingegen kann den Kuss verweigern.«

»Das ist doch wieder typisch«, schimpfte sie. »Als ob ich jeden Trottel küssen würde, dem ich unter dem Mistelzweig begegne. Ich plädiere für ein Update der alten Tradition für das 21. Jahrhundert.«

»Wieso ist der Kuss für Liebende so wichtig? Biologisch ist er jedenfalls sinnfrei. Der erste Kuss von dir war eine Offenbarung, nach doch einigen deprimierenden Erfahrungen. Und er war ein Versprechen. Es war bei einem der legendären Feste an der Uni.«

Sie erinnerte sich an ihre beider Wildheit in der Zeit danach und an den Waldspaziergang von vorgestern. Ja, so sollten Küsse sein. Sie sollten ein Feuer entfachen und Lust aufeinander machen. Zum Glück hatten sie zu den magischen Küssen aus den ersten Monaten ihrer Beziehung zurückgefunden. Sie fuhr sich durch ihre Haare, die unter ihrer Wollmütze hervorquollen. Ob es die Erinnerung an den Sex im Auto war oder doch das Rosenquarz-Ei, das sie mit ihren Muskeln in ihrer Vagina hielt, wusste sie nicht. Sie sah in der Spiegelung der U-Bahnscheibe nur ihre Augen, die voller Eifer glänzten. »Mal sehen, wie viele Mistelzweige im Tierpark auf dem zwei Kilometer langen Rundweg zu finden sind.«

Doch nicht nur sie wollten für ein paar Stunden dem lauten hektischen Berlin entkommen, das in den letzten Tagen vor Weihachten noch anstrengender war als sonst. So ziemlich alle hetzten sich ab, damit vor den Feiertagen alles erledigt war. Paare, wie sie, die ein wenig romantischen Zauber suchten. Eltern, die ihren Kindern Weihnachtsmagie versprachen. Freundinnen, die zusammen Spaß suchten, – sie alle standen hier vor Kasse am Eingang des Tiergartens und warteten darauf, endlich an die Reihe zu kommen. Freudige Erwartung leuchtete in den Gesichtern. Gemeinsam mit all diesen Menschen tauchten sie, kaum dass sie den Tierpark betreten hatten, in diese besondere Stimmung ein. Die Tierhäuser waren geschlossen und der Rundweg, gesäumt von Bäumen, in denen Sternen und Herzen hingen, führte durch den Teil des Tierparks, in dem nur wenige Tiergehege lagen. Zum Lichterglanz gab es auch gleich was auf die Ohren. Leise begleitete die Flaneure die Klänge von The Red-Nosed Reindeer und andere Christmas Songs, die im gesamten Tierpark durch die Lautsprecher klangen. Für einige der magisch-märchenhaft inszenierten Stationen schienen es eigens zum Lichteffekt passende Kompositionen zu sein. Hier und da waren ein paar ungewohnte Zwischentöne zu hören – der Ruf einer Eule, das Brüllkonzert der Affen.

Frieder war ein charmanter Begleiter und versorgte sie bereits an der ersten festlich dekorierten Imbisshütte mit heißen Maronen und einem Kinderpunsch.

Beim Anblick eines nostalgischen Karussells wallte ein warmes Gefühl in ihr auf. Wie gern war sie als Kind im Schwan gesessen oder auf dem Bären geritten. Es entzückte sie, dass die Kinder hier ebenfalls strahlten und so viel Freude an den liebevoll gestalteten Figuren hatten, die sich unermüdlich im Kreis drehten.

Funkelnde Lichtskulpturen von Hirschen, Füchsen und Bären waren ins Dickicht aus Büschen, Bäumen und Sträuchern eingebettet, das im Tiergarten hier und da wie der Natur sich selbst überlassene Inseln auftauchte. Dazwischen tummelten sich Zauberwesen aus der Märchenwelt. Am Schwanensee, der lediglich durch wellenförmig angeordnete Leuchtdioden die Illusion eines Gewässers war, beugte sich Frieder zu ihr hinunter und flüsterte ihr ins Ohr. »Hier gibt es nirgendwo auch nur einen Mistelzweig, aber ich küsse dich trotzdem.«

Und das tat er, und für einen Augenblick vergaß sie die Menschen um sich herum, die mit ihnen zusammen der Musik lauschten und den beiden Schwänen zusahen, die übers Wasser zu gleiten schienen. Sie dachte dabei an diese Minuten im Auto, an diese unglaubliche sexuelle Energie, die sich zwischen ihnen entladen hatte. Ihr Kuss wurde viel zu intim für diesen Ort hier.

»Haben die denn kein Zuhause? Dann könnten sie hier die Hände voneinander lassen«, schimpfte eine Frau neben ihnen und zerstörte den magischen Moment. Denn auch wenn sie Carolin nicht direkt angesprochen hatte, wusste sie natürlich, dass sie gemeint waren. Irgendwie fand sie es auch lustig. Das letzte Mal, dass sich jemand über ihr schamloses Verhalten beschwert hatte, lag Jahre zurück. Da war sie noch ein Teenager gewesen und hatte sich die Schimpferei sehr zu Herzen genommen. Jetzt lachte sie, leicht atemlos vom Kuss, darüber. Dieser Kuss hatte sie mit einem solchen Glücksgefühl erfüllt, dass sie meinte, sie könnte selbst zu einer Elfe werden und Sternenstaub über all die Menschen streuen, die so moralisch und missgünstig auf einen Kuss reagierten. Frieder schaute seine Frau an, zärtlich und mit einem Staunen in den Augen, als wäre sie ein Wunder. Dabei zeigte er eine Reihe von ebenmäßigen Zähnen, makellos bis auf einen. Einem fehlte eine Ecke, ausgeschlagen, bei einem Sturz aus der Sommerrodelbahn. Carolin liebte diese Geschichte, sie liebte dieses Lächeln und sie liebte diesen Kerl, der ihr dieses Kribbeln im Bauch bescherte.

Von seinem Kuss und sie war sich ganz sicher: Von diesem Kuss brannten ihre Lippen und doch war sie sich sicher: Sie fanden dieses Jahr die Bedeutung von Weihnachten auf ganz eigene Art wieder – das Fest der Liebe.

Kalendertür 21

Das vierte Adventswochenende begann mit einer Überraschung. Frieder eröffnete ihr, dass sie die nächsten zwei Tage in der sächsisch-böhmischen Schweiz verbringen würden. Mehr als die Information, dass es ein hübsches Resort war und es ihr bestimmt gefallen würde, war nicht aus ihm heraus zu bekommen. So fuhren sie aus Berlin hinaus. Knapp drei Stunden dauerte die Fahrt über die Autobahn, eine Bundesstraße und eine Nebenstraße ins Elbsandsteingebirge. Eine schmale Zugangsstraße führte sie durch ein rustikales Holztor. Auf dem dahinterliegenden Parkplatz stoppte er. »Ab hier müssen wir laufen.«

Ein breiter Weg leitete sie zum Haupthaus, in dem sich die Rezeption und ein Restaurant befanden. Mit einem Übersichtsplan in der Hand wanderten sie auf dem eingezäunten Gelände umher und suchten die Nummer fünf – ihre eigene Blockhütte. Die kleinen Holzhäuser waren geschickt auf dem Gelände verteilt und mit Hilfe von Holzstößen und Hecken so voneinander abgeschirmt, dass es keinen Sichtkontakt zum Nachbarhaus gab. Im Garten der Nummer vier stand ein Schneemann, vor der Tür lag ein Schlitten und im Schnee war der Abdruck eines Schneeengels zu sehen.

»Oh, das habe ich als Kind auch gern gemacht«, rief Carolin aus. »Hast du das auch gemacht? «

Frieder, der bereits weitergegangen war, nickte und rief. »Da ist unsere Hütte.«

Er schloss die Tür auf und ließ ihr den Vortritt. Begeistert sah sie sich um. Es gab einen Kamin und davor stand ein Korb mit Holz. Die Dame am Empfang hatte gesagt, dass der Kamin nicht nur Deko sei, sie durften sich gern damit einheizen. Ein Sofa stand so davor, dass sie den lodernden Flammen zusehen konnten. Die Fenster waren klein und mit Sprossen unterteilt. An der linken Wand gab es ein Bücherregal, die Wand gegenüber war mit antiken Schneeschuhen und Schwarzweißfotos vom Elbsandsteingebirge in allen Jahreszeiten dekoriert. Auf dem Tisch stand eine Schale mit Tannenzapfen und Zweigen. All dies verströmte eine Atmosphäre der Heimeligkeit.

»Wie romantisch!« Sie umarmte ihren Mann stürmisch. »So wie wir es uns auf dem Spaziergang ausgemalt haben.« Sie ging zu der Glastüre, die zur Terrasse hinausführte. »Ein Whirlpool! Können wir den benutzen?«

Er nickte.

»Meine Güte, dass ist das volle Winter-Wohlfühl-Programm.«

Eine Holzstiege führte nach oben zu einer Schlafgalerie. Das breite Bett war so ausgerichtet, dass sie auf die Felsformationen des Gebirges blicken konnten. Die Bettwäsche war in einem dunklen Rot gehalten mit Pilzen und mythischen Hirschen darauf, eine echte Weihnachtsgarnitur. Auf den Kopfkissen lag jeweils ein in Zellophan eingepackter Lebkuchenstern.

»Was für ein friedlicher Ort«, sagte sie und warf sich quer aufs Bett.

»Können wir erst einmal das Restaurant besuchen? Ich bin hungrig und das Essen hier soll sehr gut sein.«

Leider waren sie fürs Mittagessen zu spät und fürs Abendessen zu früh dran. Das Einzige, was die Resort-Küche an deftigen Speisen anbieten konnten, war wahlweise ein Käse- oder Wurstvesperbrett. Allerdings hatten sie wundervollen Kuchen und heiße Schokolade in allen Varianten. Aus Vollmilch, weißer Schokolade oder zartbitter, mit Zimt, Karamellsoße, Sahne, mit Eier- und sogar Orangenlikör.

Frieder entschied sich für das Käsevesperbrett und sie sich für eine Dresdner Eierschecke, eine typisch sächsische Spezialität. Im Café verkauften sie dieselben Lebkuchensterne, die sie in ihrem Zimmer vorgefunden hatten, und weiteres Weihnachtsgebäck. Nach dem Essen ließ sich Carolin davon einiges in hübschen Schachteln verpacken, um damit ihrer beider Familien zu beschenken. Frieder hingegen studierte die Wanderkarte und den Flyer, auf dem die Routen verzeichnet waren, die sich in dieser Jahreszeit gut für das Winterwandern eigneten.

»Wollen wir heute noch eine Runde laufen?«, fragte sie ihren Mann. »Es wird in einer Stunde dunkel sein. Außerdem ist es verdammt kalt.«

Er legte den Arm um sie. »Eigentlich dachte ich, wir gehen baden.«

»Machst du Witze?«

»Wäre doch Energieverschwendung, den Whirlpool erst aufheizen zu lassen und dann nicht hineinzusteigen.«

»Hast du das etwa bereits arrangiert?«

Zurück in ihrem Blockhaus zogen sie flauschigen Bademäntel an, die für sie bereitlagen. Die Füße in den Frottee-Badeschuhen, auf dem Kopf warme Wollmützen wuchteten sie gemeinsam den schweren Deckel vom Pool herunter und glitten so rasch wie möglich in das dampfende Wasser. Der kurze Moment, indem Carolin nackt der Kälte ausgesetzt war, hatte genügt, dass sie mit den Zähnen klapperte. Doch als sie bis zum Hals ins warme Wasser eingetaucht war, seufzte sie zufrieden.

Im blubbernden und dampfenden Wasser sah sie zu, wie die Dämmerung einsetzte und das Elbsandsteingebirge mit seinen freistehenden schneebedeckten Gipfeln langsam darin verschwand. Dafür leuchteten diese winzigen Lichter auf, die wie Glühwürmchen in den Bäumen hingen. Ihr Atem bildete kleine Wölkchen in der Luft. Die Kälte biss ihr ins Gesicht und war ein reizvoller Kontrast zur Wärme des Wassers, das ihren Körper umspülte. Ihre Fingerkuppen und Zehen sahen aus wie Rosinen. Frieders Haare kräuselten sich unter der Mütze hervor. Ihr Mann hielt die Augen geschlossen und sie konnte sich vorstellen, wie entspannt er sein musste. Hier fand er Ruhe und konnte dem ständigen Adrenalin-Rausch entkommen, dem er täglich unterworfen war. Es gab keine Weihnachtsmusik in Dauerschleife, keinen Berliner Verkehrslärm, keinen Termindruck und keine Menschen in der Rushhour. Nur die beruhigende Natur und der Himmel, der viel schwärzer und sternenreicher war als in Berlin, umhüllte sie wie einen Kokon. Doch irgendwann wurde die Luft zu eisig.

»Zählst du auf drei? Ich fürchte, sonst schaffe ich es nicht«, bat sie und griff nach dem Bademantel.

Er grinste, zählte herunter und sie erhoben sich gleichzeitig. Schnell liefen sie bibbernd ins Haus. Im Bad holte sie die gewärmten Handtücher vom Handtuchhalter und rubbelte ihre Haare.

»Komm mit ins Bett«, sagte er, »das Verwöhnprogramm geht weiter.«

Sie lag als Erste in den Kissen. Überrascht sah sie, wie Frieder die Massagekerze aus seiner Bademanteltasche holte, die er am Morgen im Kalenderpäckchen einundzwanzig gefunden hatte.

»Hoffentlich geht kein Rauchmelder los«, sagte er und zündete sie an.

Sie schaute prüfend in die Dachsparren, um die eine Sternenlichterkette gewickelt war. Dort war kein Rauchmelder zu entdecken.

Sie sahen zu, wie die Flamme das Wachs zu Öl schmelzen ließ. Je mehr Öl sich bildete, desto intensiver wurde der Duft nach Holz und Vanille.

»Wie lange sollen wir warten?«

»Fünf Minuten stand auf der Packung.«

Praktischerweise war die Kerze in einem Porzellankännchen mit Ausgießer. Er hielt es über ihren Bauch, zögerte jedoch den Moment, bis er die Flamme auspustete, hinaus. Dabei war sie bereit, so was von bereit. Endlich floss das Öl und landete mit einem leisen Plopp auf ihrem Bauch.

Sie zuckte zusammen und sagte: »Wow!«

Als er die warme Flüssigkeit auf dem Bauch einmassierte, war das angenehm.

Sein Kiefer war angespannt. »Tat nicht weh, oder? «

»Nein, es war nur ein leichtes Ziepen. Beim nächsten Schwung kannst du das Kännchen tiefer halten. Es darf heiß sein.« Sie wusste, dass diese Art Kerzen kein Paraffin enthielten und von daher keine Verbrennungsgefahr bestand.

Er hielt sich an ihre Anweisung. Heiß tropfte es auf ihren Busen. Sie keuchte auf, biss sich auf die Lippen, um im nächsten Moment zu lächeln. Es war nun deutlicher zu spüren gewesen. Unter seinen warmen massierenden Händen wechselte ihre Stimmung von angenehm zu erregt.

»Frieder«, sagte sie, »das ist einfach nur geil.«

Er zündete den Docht wieder an und stellte das Kännchen auf den Nachtisch. »In fünf Minuten hat sich wieder genügend Öl gebildet. Was mache ich denn nur mit dir in der Zeit?«

Eine rein rhetorische Frage, denn fast gleichzeitig senkte er den Kopf und küsste sie innig, wanderte mit der Zunge tiefer und umkreiste ihre Brustwarzen. Wanderte weiter und reizte ihre Perle. Er löste sich kurz von ihr, griff nach dem Kännchen, sah in ihre Augen und senkte es mit aufreizender Langsamkeit über ihrer Brustwarze tiefer und tiefer. Sie erwartete den heißen Schwall, bebte vor Lust und Verlangen. Als sich das Öl heiß über diese empfindsame Zone ergoss, erkannte sie sich selbst kaum wieder.

Ihre Reaktion darauf war etwas vollkommen Neues. Sie verlor sofort die Kontrolle über ihr Geschlecht. Ihr Unterleib zuckte und drängte sich gegen seine Hand, mit der er sich zwischen ihren Beinen auf dem Bett abgestützt hatte. Sie klammerte sich an seinen Oberkörper, diese Geilheit war ein kleiner Schock. Sie hatte gedacht, dass das Ziel dieser Kerze einfach darin bestehe, Entspannung zu schenken, bestenfalls Sinnlichkeit zu wecken. Niemals hätte sie damit gerechnet, dass sie sich wünschte, Frieder solle sofort über sie herfallen. Aber genau das wollte sie. Als der zweite Schwall ihre andere Brust traf, lief ein Schauer durch ihren Körper. Er bäumte sich auf und bevor Frieder dies falsch interpretierten konnte, flehte sie schon fast: »Lass mich nicht allein zum Höhepunkt kommen.«

Sekunden später lag er auf ihr, ihr Körper war feucht von der Hitze ihres Verlangens. Ohne zu zögern, glitt er mit einem Stoß in sie, ohne sich jedoch weiter zu bewegen. Worauf sie die Beine um ihn schlang, mit überraschender Kraft ihm einen Rhythmus vorgab und ihn mitriss. Er sank auf ihr zusammen, rollte sich auf die Seite, sie sich halb auf ihn. Schweratmend lagen sie still. Er hielt sie fest im Arm.

»Was für ein Erlebnis. Da glaubte ich, dich zu kennen«, sagte er leise und strich ihr durch die wilden Locken. »Wie geht es dir?«, fragte er.

»Einfach unglaublich.«

»Ist dies nicht ein etwas untypischer Weihnachtsroman?« fragte er mit gespielter Strenge, als sie nach dem Abendessen vor dem Kamin saßen, ein Glas Rotwein tranken und sie in dem Buch las, das sie vor ein paar Tagen bei Love-Sister abgeholt hatte.

»Ich gestehe! Die Reihe hat es mir angetan. Sie ist intelligent, sexy und provokant. Und – vieles davon möchte ich selbst erleben.«

Beide dachten an das berauschende Erlebnis am 10. Dezember. Da hatten sie das Experiment von Viktoria, der Titelheldin der Reihe, mit einer eigenen Flasche Champagner nachinszeniert.

Mit belegter Stimme sagte Frieder: »Magst du mir daraus vorlesen?«

Carolin entschied sich für das Kapitel ›Ceciles Kleid‹– das verstand man, auch ohne die vorigen gelesen zu haben. Es war eine Stelle, die sie sehr erregte:

»Der Stoff schimmert metallisch-grün wie die Flügel des Rosenkäfers. Je nach Lichteinfall wechselt es die Farbe hin zu Bronze. Die Knöpfe glänzen wie polierter Onyx. Schwarze, hochhackige Schuhe stehen dabei.

Ohne Hast ziehe ich mein Kleid aus. Langsam gehe ich auf die Ankleidepuppe zu, berühre zart die Knöpfe, streichele über den Stoff.

»Zuerst die Wäsche«, weist mich François an. …«

»Natürlich«, sage ich überrascht, bin aber gern bereit, mich auszuziehen. Als ich nackt bin, reicht er mir einen mit feiner Spitze und floraler Stickerei versehenen Strumpfhalter. Ich bedanke mich und lächle selbstsicher. Als er mir den ersten seidigen Strumpf hinhält, bin ich zwischenzeitlich so aufgeregt, dass mir der Befestigungsclip mehrmals davon rutscht, bis der Strumpf am Halter sitzt.

François greift als Nächstes zu einem Unterbrustkorsett. »Ich helfe dir beim Anziehen.«

Ich drehe ihm den Rücken zu und er legt das Korsett um meine Taille. Während er abwechselnd von oben und unten Haken schließt, streifen seine Finger meine Haut. Es ist das erste Mal, dass er mich berührt, ohne seine Handschuhe zu tragen. Obwohl der Kontakt nur an winzigen Stellen zustande kommt, breitet sich ein Kribbeln auf der Hautoberfläche aus. Nun schnürt er mit Hilfe von Schlaufen die Taille enger und enger, bis der letzte Haken geschlossen ist. Die Schlaufen verknotet er sorgsam. Im Spiegel verfolge ich, wie sich mein Körper zu einer ausgesprochen weiblichen Silhouette formt. Ich steige von oben in das Kleid, schließe die Knöpfe und schlüpfe in die hohen Schuhe.

»Einfach wundervoll.« Francois' Gesichtszüge sind weich und sein Lächeln sexy.

Kalendertür 23

Am 23. Dezember war das Päckchen, das Carolin mit der Zahl dreiundzwanzig versehen hatte, gegen ein anderes ausgetauscht worden. Frieder lächelte glücklich als sie das Geschenkpapier entfernte und »Die Nacht der Masken« von Ines Witka zum Vorschein kam.

»Nachdem du so begeistert von der Autorin warst, habe ich recherchiert, was sie noch so geschrieben hat.«

Carolin drehte das Buch um und las den Klappentext:

»Eine Nacht der Masken ist genau das, was sich viele aufgeschlossene Paare insgeheim wünschen, aber sich nie auszusprechen oder gar in die Tat umzusetzen wagen.«

Davon ist Claudius, der seit Jahren auf dieser exklusiven Erotikparty als stiller Beobachter Klavier spielt, überzeugt. Die Gesichter hinter Masken verborgen, fühlen sich die Gäste frei, gesellschaftliche Konventionen außer Acht zu lassen und Tabus zu brechen. Sie treffen sich in den märchenhaften Gemäuern eines historischen Schlosses zum Feiern - und für ein lustvolles Abenteuer. Die Autorin Ines Witka hat eine dieser Partys hautnah erlebt und sich mit den Besuchern ebenso offen wie sensibel über deren gelebten erotischen Phantasien unterhalten.

Carolin schlug die erste Seite auf. Zwischen Buchdeckel und Seite lagen Karten für genau diese Party. »An diesem Termin ist doch der Berlin-Marathon, für den du seit Wochen trainierst.«

Er nahm Carolin in den Arm und drückte sie fest an sich. »Du bist mir wichtiger als jeder Marathon. Und ich kann in Paris oder München laufen.«

Carolin blätterte weiter und betrachtete die sinnlichen Fotos von Sabine Schönberger, eine bekannte Fotografin, die das übliche Repertoire der Peoplefotografie um die Boudoir- und Akt-Fotografie erweitert hatte und Menschen auf ganz besondere Art in Szene setzen konnte.

»Wenn es da so zu geht, dann wird das bombig.«

Ihre Wangen glühten. »In MUT wurde der Besuch in einem Club beschrieben, in RAUSCH wurde auch einer beschreiben. Frieder, das, das … ich weiß gar nicht, was ich sagen soll.«

Sie hatte keine Ahnung, ob das, was in den Büchern stand, tatsächlich in diesen Clubs passierte oder passieren könnte. Aber wenn die Autorin eine Reportage über so ein erotisches Fest geschrieben hatte, Interviews mit Gästen geführt hatte, die in entsprechenden Clubs unterwegs waren, dann wusste sie doch Bescheid, oder? Sie stellte sich kurz vor, wie sie in diesem schwarzen Unterbrustkorsett, das sie für Frieder getragen hatte, auf so einem Fest lustwandeln würde. Was wäre sie dort? Eine Dienerin? Eine Herrin? In jeder Minute würde sie genauso wie diese Viktoria unsicher sein, nicht wissen wie sich verhalten, neugierig umherschweifen … Adrenalin jagte schon bei den Gedanken durch ihren Körper. Sie überlegte, wie es wäre, wenn Frieder dann eine Demiflasche Champagner bestellen würde, mit dem Wunsch, dass sie vorerst ungeöffnet bleiben möge, und sie diese dann und diese dann mit in die Spielräume nähmen…

Kalendertür 24

Heute würde das letzte Türchen, die Vierundzwanzig geöffnet! Am frühen Morgen, unter der Daunendecke an ihren Mann geschmiegt, dachte Carolin über die verrückten vergangenen letzten 24 Tage nach. Vertrauen, Respekt, Liebe und Verlangen – das waren die vier Säulen, auf denen eine tragfähige Beziehung stand. An den ersten drei Attributen hatte es ihrer Beziehung nie gefehlt und nun hatten sie die vierte Säule zurückgewonnen. Sie spürte den Erinnerungen an die vergangenen Tage nach: wie er die Wohnungstür nach dem Barbesuch aufgeschlossen hatte, wie sie die Mäntel im Flur auf den Boden warfen, die wilden Küsse und leidenschaftliche Umarmung im Wohnzimmer, sein viel zu rascher Höhepunkt. Wie er sorgfältig die Folie von der Champagnerflasche abgezogen hatte, wie er den Drahtverschluss löste, den Korken festhielt und die Flasche drehte, damit er beim Öffnen nur leicht zischte. Als er dann den Daumen nicht am Boden der Flasche auflegte, sondern auf die Öffnung presste und sie leicht schüttelte, bevor er den Champagner in ihre Vagina schießen ließ.

»Diese Vorweihnachtszeit hat mich versaut, auf eine gute Art. Für immer!« Er streichelte ihre Wangen. »Es war ein unglaubliches Geschenk. Ich habe erkannt, dass du wagemutig bist. Deine Fantasien sind anders als meine und doch harmonieren wir zusammen, da wir aufeinander achten und uns für unsere jeweiligen Wünsche öffnen.« Er küsste sie nachdrücklich. »Und ich habe verstanden, was intensives Zusammensein mit dir bedeutet.« Er lachte hell auf. »Es scheint ähnlich wie beim Lauftraining zu sein – use it or lose it. Diese Geschenke waren mehr als ein Reiz – sie haben mir eine ganz neue Welt eröffnet. Eine Welt, die mich mehr und mehr in der gesamten erotischen Welt zuhause sein lässt.«

Er rollte sich auf sie, stützte sich ab, lächelte sie an. »Ich liebe dich, Carolin.« So glitten sie in einen zärtlichen Guten-Morgen-Sex, bei dem sie sich in die Augen sahen, den innigen, bei dem das Herz zu hundert Prozent beteiligt war. Sie fühlte sich gesehen und geliebt.

Dies war ein sehr schönes, passendes Geschenk für den 24, dachte sie. Aber das allerschönste Geschenk war ein Gefühl in ihr, wie ein Echo. Es war ein Ziehen im Unterleib, für das es nur eine Erklärung gab: Das Ei hatte sich nach der Befruchtung eingenistet. Es hat an der Gebärmutterschleimhaut angedockt. Sie wusste, dass sie sich das nicht einbildete. Ihr wilder Sex im Auto nach dem langen Spaziergang mit dem Würfelspiel war erfolgreich gewesen. Sie konnte sich nicht erinnern, wann sie einen Morgen vor dem Heiligen Abend so schön gefunden hatte. Dieser Morgen leuchtete. Als sie klein gewesen war, da hatte sie an diesen Vormittagen auch eine freudige Erwartung gespürt, doch die war nichts im Vergleich zu dem, was sie jetzt fühlte.

»Und ich dachte, du veranstaltest das, weil du Babypanik hast«, unterbrach Frieder ihre Gedanken.

Sie drehte ihr Gesicht zu ihm, und sah ihm direkt in die Augen. »Das auch. Aber ich bin lernfähig. Diese Verabredungen zum Sex nach den Vorhersagen der Zyklusapp haben uns nicht gutgetan.« Ihr hatte das nichts ausgemacht, denn sie hatte weiterhin ihren Zyklus kontrolliert und darauf geachtet, wann ihre fruchtbaren Tage waren. Nur ihm war es wie eine weitere Pflicht erschienen, eine die zu seinen Beruflichen noch hinzukam.

»Ist ein Baby nur mein Traum? «, fragte sie ängstlich.

Er zog sie näher an sich heran. »Ein Kind ist eine große Verantwortung. Was ist, wenn ich die Vaterrolle nicht erfüllen kann?«

»Du glaubst, dass du das nicht kannst?« Das verblüffte sie nun wirklich. »Du bist empathisch, intelligent, liebevoll, lustig …«

»Es ist auch mein Traum.«

Alle Anspannung fiel von ihr ab. »Und wenn er sich sehr bald schon erfüllen wird?«

Ein Leuchten ging über sein Gesicht.

»Noch habe ich keine Gewissheit, wir sollten es also für uns behalten.«

Er beugte sich vor und küsste sie. Dann sprang er aus dem Bett und ging nackt in Richtung Wohnzimmer. Lächelnd betrachtete sie seine muskulöse Rückseite. Zurück kam er mit dem Paket Nummer vierundzwanzig, eine mit Samt überzogene Schachtel, in der sich wiederum viele kleine Päckchen befanden. Er zog das erste Päckchen heraus, öffnete es und strahlte. Zwischen Daumen und Zeigefinger drehte er einen Analplug aus Silikon mit einem glitzernden Kristall. »Schöner Blickfang!«

Lächelnd packte er weiter aus. Die Maske hielt er sich vors Gesicht, was sie mit »Sehr sexy!« kommentierte. Da war auch noch eine kleine Sprayflasche mit einem Gel, das eine durchblutungsfördernde Wirkung haben soll und, auf die Klitoris geträufelt ein kribbelndes und pulsierendes Gefühl der Lust auslösen soll. Stirnrunzelnd packte er weiter aus, bis er das letzte öffnete, das eine beachtliche Größe hatte, denn es war das eigentliche Geschenk, das in der vierundzwanzig gewesen wäre: ein Massagestab in einer beeindruckenden Größe und ordentlich Power. Er schaltete ihn ein. Der große Kopf vibrierte kräftig los.

»Ich sehe schon, dass ist perfekt gegen meine Nackenverspannungen.« Er probierte die Wirkung gleich aus und stöhnte gespielt orgiastisch.

Sie quietschte, als er den Kopf zwischen ihre Beine führte. »Er massiert jede Art von Verspannung weg.«

»Es waren vierundzwanzig Geschenke und da wir nicht jeden Tag eine Kalendertür geöffnet haben, waren einige übrig. Was hältst du von der Idee, alle anderen Sex-Gadgets auch in diese Box zu geben und sie als Inspiration für unser weiteres Liebesleben zu nutzen?«

Er schaute skeptisch.

»Wenn einer von uns auf etwas daraus Lust hat, legt er es dem anderen aufs Kopfkissen.«

Frieder brummelte ein »Mmhhh«, und nahm erst das eine und dann das andere Spielzeug in die Hand.

Sie wusste, dass nicht mehr viel nötig war, um ihn für die Idee zu begeistern. »Es ist ein Spiel. Wir werden uns noch besser kennenlernen. Welches Spielzeug wird nie gewählt? Welches nutzt einer von uns besonders oft, welches nach dem Einsatz nie wieder?«

Carolin registrierte das Leuchten in seinen Augen, als er wiederholt den Plug mit dem Stein zwischen den Fingern drehte. Frieder nickte.

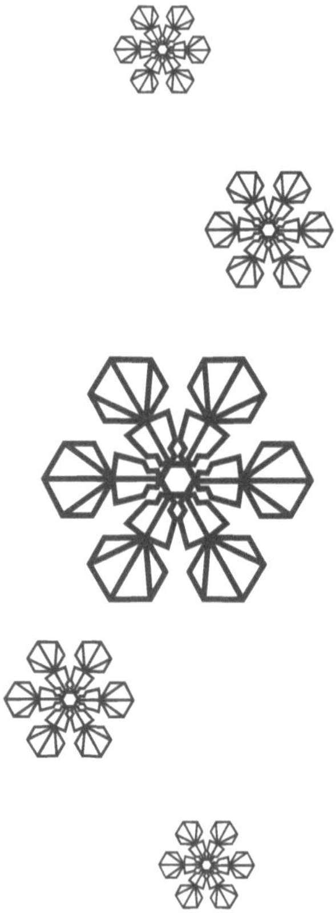

Vorweihnachtshölle

Ärgerlich drehte Eva das Wasser auf, testete den Strahl und stellte die Temperatur höher ein. Nur mit heißem Wasser ließ sich der Ärger abwaschen. Daran, dass man ihr, Eva – einen weiblicheren Namen gab es wohl kaum – Potenzpillen und Penisvergrößerungen anbot, hatte sie sich gewöhnt. Doch nun wollte man sie wissen lassen, was der Stiefvater mit der Tochter trieb oder der Schwiegervater mit der Braut. Vor ein paar Wochen, als die erste Nachricht dieser Art in ihrem Posteingang eingetroffen war, hatte Eva sie naiv geöffnet:

Süße 22 Jahre, frisch vermählt und ziemlich durchtrieben, lässt sich die geile Gina vom Vater ihres Bräutigams richtig hernehmen. Sie kann nicht genug kriegen.

Wenn Du keine E-Mails mehr möchtest, klicke bitte hier …

Von wegen, sie hatte sich erkundigt: Folgte sie dieser Aufforderung, verifizierte sie nur ihre Adresse für weitere Angebote. Manchmal hatte sie den Eindruck, dass www nicht für World Wide Web stand, sondern für wichser-welt-weit. Sie fragte sich, wie die Versender ihre Adresse aus dem Netz gefischt hatten. Vielleicht weil sie für ihre Arbeit auch nach Stichworten wie Sexualstrafrecht, Inzest, Stieftochter oder Stiefgeschwister suchte und die drei letzten wiederum waren beliebte Suchbegriffe auf Pornoseiten. Sie war Familienanwältin und wusste zu gut, was für Dramen und welches Leid sich in der Realität hinter solchen Konstellationen verbargen. Da waren bei ihr alle Alarmglocken angegangen. Sofort hatte sie zu dem Thema recherchiert. Je höher die Familienwerte und je prüder die Gesellschaften waren, in denen die Pornonutzer lebten, desto häufiger erschien der Wunsch nach Inzestszenarien in den Suchanfragen der Pornoseiten. Der Tabubruch war ein wesentlicher Teil des Kicks. Pornos ohne Tabufaktor, egal welcher Art, wurden weniger angeklickt. Denn der Reiz am Verbotenen, war es, der die Lust steigerte. Bei ihr hinterließ es mehr als ein ungutes Gefühl in der Magengegend. Sie fand das ekelhaft. Auch wenn sie sich aus rechtlichen Gründen auf Konstellationen ohne direkte Verwandtschaftsgrade beschränkten oder es als Rollenspiel kennzeichneten, wertete Eva es als Versuch, die Grenzen zum Verbotenen zu verwischen. Es ärgerte sie, dass die Pornoindustrie mit diesen Fantasien Geld verdiente. Gerade in der Adventszeit schien der Porno-Konsum via Internet anzusteigen, was sich auch bei ihr in der Häufigkeit dieser Mails zeigte. Nur an Heiligabend ging der Pornokonsum deutlich zurück. An was das wohl lag? Am schlechten Gewissen sicher nicht. Vielleicht war der Bruch zu krass, erst ›O Tannenbaum‹ zu singen und danach ›O Ficken hart‹ in die Suchmaschine zu tippen.

Inzwischen erkannte sie schon an der Betreffzeile, was sie erwartete, und löschte die Mails ungelesen. Dennoch ließ sich nicht vermeiden, dass der eine oder andere Teaser einen Schwelbrand unter ihrer Haut verursachte: Da schob er seine Hand unter ihren Rock, ließ nicht locker, bis sie sich vor Lust wand …

Vor allem seit Dirk, zuständig für Erbrecht, Mitglied der Kanzlei geworden war. Als sie ihn das erste Mal getroffen hatte, hatte es ihr den Atem verschlagen. Er besaß die intensivsten blauen Augen, die sie je gesehen hatte. Das Irritierende dabei war, dass sie nicht identisch waren. Im linken Auge saß ein kleiner brauner Fleck. Seine Gesichtszüge hatten etwas Jungenhaftes. Vermutlich lag es an den Wangengrübchen. Als er auf sie zugekommen war und ihr die Hand geschüttelt hatte, brachte sie sein Händedruck fast aus dem Gleichgewicht. Fest war er gewesen und sein Lächeln gewinnend, als er gesagt hatte, dass er sich auf die Zusammenarbeit freue. Seither litt sie nachts heftige Qualen, wenn sie sich wünschte, dass seine Lippen ihren Körper erkundeten, bis sie stöhnte. Allerdings, sagte sie sich, war es gleichzeitig eine dumme Idee. Erst sich die Stellung als hervorragende Anwältin in einer großen Kanzlei hart zu erarbeitet und sie dann durch eine Liebelei zu gefährden, in dem sie etwas mit einem Kollegen anfing. Liebe am Arbeitsplatz war keinesfalls verboten, jedoch empfand sie das selbst als unprofessionell. Mehr noch als die Unprofessionalität, fürchtete sie das Ende einer solchen Beziehung. Wenn es sich dann auf das Arbeitsklima auswirkte? Sie hatte zu viele Scheidungen begleitet, um sich Illusionen über die männliche Spezies zu machen. Am Ende verließ die Frau die Firma, den guten Arbeitsplatz oder die gemeinsame Wohnung, nicht der Mann. Sie atmete einige Male tief ein und aus. Aber alles gute Zureden nutzte nichts – sie fand den Mann extrem attraktiv und hätte gerne erlebt, wie er im Bett war. Dabei war das Einzige, was sie jetzt beschäftigen sollte, die morgige Verhandlung am Familiengericht bezüglich einer komplizierten Scheidung, bei der es um ein großes Vermögen ging.

Der heiße Wasserstrahl entfaltete seine Wirkung und verdrängte ihre Gedanken an Sex, Lust und Qual.

Die ausgiebige Dusche hatte alle dunklen Gedanken, denen sie nachhing, fortgespült. Doch kaum setzte sie die Füße vorsichtig auf die cremefarbenen, von der Fußbodenheizung gewärmten Kacheln schlich sich wieder das Bild von Dirk in ihren Kopf. Heute würde sie Seite an Seite mit ihm arbeiten. Sein Fachwissen war bei dem morgigen Fall von großer Bedeutung. Sorgfältig frottierte sie die Beine, die genauso wohlgeformt waren wie ihre Brüste und die festen Gesäßbacken. Behutsam tupfte sie mit dem Badetuch zwischen die Schenkel, um das feuchte Geschlecht zu trocknen, das auf ihre Gedanken an Dirk sofort reagiert hatte.

Während sie ihr Haar rubbelte, löste sich ein Wassertropfen, perlte die Linie des Halses entlang in die kleine Kuhle der Schulter neben dem Hals. Durch das heftige Kopfschütteln, mit dem sie ihre Haare auflockerte, wieder in Bewegung gesetzt, rollte er übers Schlüsselbein weg und beschleunigte auf seinem Weg über den sanften Hügel der Brust, bis ihn ihre harte Knospe stoppte. Dort hing er fest und kitzelte ihre Brustspitze.

Ihre Empfindsamkeit war in den letzten Tagen so gestiegen, dass selbst die kleine Vibration des Wassertropfens sie erbeben ließ. Schuld daran war diese verdammte Adventsparty in der Kanzlei. Leicht umkreiste sie mit den Fingern den kribbelnden Nippel. Der Tropfen löste sich, kugelte weiter den Bauch hinunter und verfing sich in ihrem blonden, in Form getrimmten Haaren.

Als sie sich vorbeugte, um nach der Körperlotion zu greifen, verlor sich der Wassertropfen im schmalen Haarstreifen, den sie sich getrimmt hatte. Langsam verrieb sie die weiße Lotion zwischen den Händen, bis sie warm und sämig war, stellte einen Fuß auf einen Hocker und cremte ihre Unterschenkel ein. Der Geruch von Mandelmilch mischte sich mit ihrem weiblichen Aroma. Zärtlich widmete sie sich ihrem Oberschenkel. Sie mochte ihren Körper und wie nun so seidig im Licht der Badezimmerlampe glänzte, fand sie ihn schön. Ja, sie fand sich schön und besonders und das blieb sie auch, selbst wenn sie für Dirk dies nicht sein sollte. Zweifel nagten an ihr, ob ihr Verhalten bei der Party richtig gewesen war, bei der sie ihre Zurückhaltung ein Stück weit aufgegeben hatte. Bevor sie das Badezimmer verließ, öffnete sie kurz das Fenster. Der Dampf des heißen Wassers wehte nach draußen und bildete Wölkchen in der kalten Luft.

Während sie sich die weiße Bluse über dem schlichten BH zuknöpfte, den grauen Rock über ihre schmalen Hüften glattstrich, fiel ihr Blick auf die Engelsflügel, die sie bei der Party zu ihrem Kostüm getragen hatte, was für sie schon eine mutige Geste gewesen war. In der Kanzlei hatte man den sachlichen Einrichtungsstil weihnachtlich aufgepeppt. Ein großer Adventskranz hing am Empfang von der Decke. Mary, die Empfangsassistentin der Kanzlei, hatte einen Haarreif mit blinkenden Teufelshörnchen im Haar gehabt. Sie war umringt von den anderen Anwälten, die über Marys Witze lachten. Nur Dirk schien das nicht sonderlich zu amüsieren, was sie gefreut hatte, denn sie war wesentlich stiller als Mary. Als sie keine Lust mehr hatten, laut schreiend das Gelächter und die weihnachtliche Musik zu übertönen, hatten sie sich in sein Büro zurückgezogen. Das Gespräch, das sie dort geführt hatten, klang Satz für Satz in ihrem Kopf nach.

»Ich habe gestern versucht, mich in Weihnachtsstimmung zu bringen und einen dieser kitschigen Weihnachtsfilme geschaut. ›Liebe braucht keine Ferien‹. Kennst du ihn?«

Zu ihrer Überraschung sagte er »Oh ja, kenne ich. Cameron Diaz und Kate Winslet tauschen ihre Häuser, richtig? Dann findet jede ihre große Liebe an dem Wohnort der anderen. Total unrealistisch.«

»Ja, total. Für meinen Geschmack einfach zu viel Kitsch. ›Tatsächlich... Liebe‹ ist auch so ein absoluter Feelgood-Klassiker, vielleicht sogar einer der beliebtesten überhaupt. Steht sicher bei Vielen auf der Must-Watch-Liste. Ich fürchte, wenn ich den mit meiner heutigen Erfahrung anschaue, werde ich seine Botschaft falsch finden. Ist dir aufgefallen, dass die meisten Weihnachtsfilme davon handeln den Richtigen zu finden?«

»Ich habe das Gefühl, dass die meisten dieser Filme das Gleiche wieder und wieder abspulen.«

»Und Netflix hat um diese Jahreszeit immer eine neue vorhersehbare, kitschige Rom-Com im Angebot, wie ich sie an den Feiertagen sicher nicht sehen will. Ein romantisches Happy End im weihnachtlich geschmückten Heim ist mit meinem Single-Dasein nicht kompatibel.« Da hatte sie sich geoutet und was hatte sie davon gehabt?

Nichts! Er schaute sie nur lange an, bis er endlich fragte: »Bei dir dreht sich also nicht alles darum einen Partner zu finden?«

War das ironisch gemeint oder ein vorsichtiges Abklopfen? Was sollte sie antworten? Dass sie mit ihrem Single Dasein zufrieden und trotzdem scharf auf ihn war? Nervös zupfte sie an den Federn ihrer Flügel herum. Sie sah durch die gläserne Bürotür hinaus auf Marys blinkende Teufelshörnchen und wünschte sich deren Leichtigkeit. »Ich bin zumindest kein trauriger Single, auch wenn ich zugebe, dass die Zeit um Weihnachten und zwischen den Jahren die härteste Zeit für mich ist.«

Er nickte. »All die kitschig überladenen Schaufenster, die Werbung mit den glücklichen Familien. Aber wir wissen, dass dies nicht stimmt. Weihnachtszeit ist die gefährlichste Zeit für Frauen und Kinder. All die übertriebenen Erwartungen führen zu Frust und wird der zu groß, wird er handfest an Frauen und Kindern ausagiert.«

Es entstand eine kurze Pause. Die Stimmung zwischen ihnen war plötzlich ein wenig ernster. Ihr Blick traf den seinen und die Anziehung, die er auf sie ausübte, flackerte wieder heftig auf. Das war es, was sie an ihm mochte. Er teilte ihre Position, dass Familie eben nicht automatisch Harmonie bedeutete – eine Vorstellung, von der so Viele selbstverständlich ausgingen. Was sie am Familiengericht erlebte, wusste er als Anwalt für Erbrecht so gut wie sie, wenn beispielsweise Testamente angefochten wurden oder nicht vorhanden waren, dann brachen Konflikte auf oder es herrschte gleich Krieg in den Familien. Das änderte auch kein Werbeversprechen von Zusammenhalt und Harmonie unter dem Weihnachtsbaum. Nie war sie versucht gewesen einen Kollegen zu küssen, aber bei Dirk dachte sie ständig daran. Nicht nur daran, sondern auch an Sex, heißen Sex. Er war ein Mann, der wie sie hinter die Fassaden blickte. Der wusste, welche Untiefen Familie und Beziehungen bereithielten. Dem sie nicht erklären musste, warum sie das klassische Beziehungsmodell Vater, Mutter, Kind ablehnte. Der sie nicht verurteilte, weil das für sie nicht in Frage kam.

»Wie auch immer«, sagte er und sie spürte deutlich, wie er damit einen ganz anderen Impuls unterdrückte. »Ich interessiere mich mehr für Autorenkino. Da gibt's einfach mehr Tiefe und Überraschung.«

Eva nickt zustimmend. »Sie spiegeln das Leben realistischer wider. Zumindest das Leben, dass sich uns bei Gericht offenbart.«

Warum sprang der Funke nicht über? War es nur der Fakt, dass sie zusammenarbeiteten?

Dabei hatte sie geglaubt, dass er dieselbe Anziehung zu ihr spürte, die sie zu ihm empfand. Er wusste es und sie wusste es, persönliche Beziehungen zwischen Kollegen konnten den geschäftlichen Umgang komplizierter machen. Offensichtlich wollte er es bei der professionellen Ebene belassen. Sie wünschte sich eine Gebrauchsanweisung, um herauszufinden. wie sie ihn doch dazu bringen könnte, sie zu berühren – nur nicht hier, natürlich. Die gläsernen Türen waren ja nicht ohne Grund eingeführt worden. Die #MeToo-Bewegung hatte diese Veränderung nach sich gezogen. Da tauchte ein Gedanke in ihr auf, unkonkret noch, und verschwand auch gleich wieder.

Sie spürte, wie ihr die Röte ins Gesicht stieg, als sie noch einen Vorstoß wagte: »Was hast du für Pläne, um der Weihnachtshölle zu entgehen? Ich flüchte normalerweise irgendwohin in den Süden. Aber letztes Jahr hatten sie in meinem Ferienresort auf Fuerteventura einen Weinachsmarkt aufgebaut. Bei 22 Grad drängten sich die Gäste um den Glühweinstand und aßen Stollen. An meiner Tür hatte ein Schoko-Nikolaus gehangen und das Hotelpersonal trug rote Mützen. Das war so schräg, dass ich dieses Jahr nichts gebucht habe.« Sie drehte ihr Glas mit dem alkoholfreien bereits erkalteten Weihnachtspunsch zwischen den Fingern.

»Ich bin Skifahrer.« Sein Lächeln wurde wärmer. »Die Begeisterung für den Schnee überwiegt. Die Sehnsucht nach Pisten mit Neuschnee und kalten Temperaturen lässt mich die ganze Weihnachtsdeko übersehen. Es gibt nichts Schöneres, als mit meinen Kumpels die steilsten Pisten hinunterzurasen.«

Beim Sport war er offensichtlich ein Draufgänger. Und er fuhr mit Freunden zum Skifahren, nicht mit einer Frau.

Schon als sie gemeinsame Lieblingsrestaurants entdeckt hatten, und sie erwartet hatte, dass er sie einladen würde, hatte er nicht reagiert. Auch nicht in den Wochen danach. Was zum Teufel war also mit ihr los gewesen, dass sie sich so weit aus dem Fenster gelehnt hatte? Sie war sich sicher, dass er in sie verliebt war, doch er hielt den Umgang mit ihr hartnäckig freundlich-professionell. Hatte sie ihm nicht genügend Signale gesendet?

Eingehüllt in ihren Lieblingsduft verließ Eva dezent geschminkt das Bad. Während sie die Finger über die Tastatur des Laptops gleiten ließ, um im Outlook-Kalender ihre Termine zu überprüfen, sprang sie erneut eine Betreffzeile an:

Geile Schlampen nehmen sich, was sie brauchen.

So schnell, wie der Satz in ihr Gehirn schoss, konnte sie den elektronischen Papierkorb kaum bedienen. Das war es! Die Erkenntnis traf sie wie eine Abrissbirne. Dirk hatte Angst, sich falsch zu verhalten. In der Umgebung der unpersönlichen Anwaltskanzlei fürchtete er, dass sie es als übergriffig ansehen könnte, wenn er sie einlud. Natürlich, sie alle hatten unter den gesellschaftlichen Veränderungen gelernt, Distanz zu halten. Zumindest einige von ihnen, vor allem sie als Anwälte. Sie dachte an die gläsernen Bürotüren. Eine bauliche Maßnahme, die sie begrüßte. Es gab neue Regeln, die sie ebenfalls begrüßte. Bemerkungen, die früher von eifrigen Karrieristen oder Machos als witzig bezeichnet und selbst von Vorgesetzten mehr oder weniger tolerant durchgewunken wurden, galten heute – zu Recht – als verbale sexuelle Belästigung. Nun hatte sie einen Kollegen, der diesen neuen Codex so stark beherzigte, dass er vermutlich nie den ersten Schritt machen würde. Sie schloss den Webbrowser.

Voller Elan stürzte sie ins Schlafzimmer, riss die sorgfältig gestapelten Pullover aus den Regalen, schmiss die nach Farbnuancen sortieren Seidenstrumpfhosen aus den Schubfächern. Irgendwo musste es sein, dieses Geschenk, das ihre Freundinnen ihr zum dreißigsten Geburtstag überreicht hatten. Da war es, das weiße Päckchen mit der eleganten antiken Schlüsselrosette als Logo und dem magentafarbenen Schriftzug ›Frau Blum‹, einer in allen Stuttgarter Medien gepriesenen Boutique für erotische Luxusspielereien. Ihre Freundinnen hatten laut gelacht, als sie Evas ratlosen Gesichtsausdruck gesehen hatten, als diese das Päckchen auspackte. Nun kam er ihr gerade recht. Sie tauschte die weiße Unterwäsche gegen das Leopardenprint-Set in den Farben grau-rosa, überprüfte im Spiegel gewohnheitsmäßig, ob der Stoff auch blickdicht war, knöpfte dann aber entschlossen die oberen Knöpfe der Bluse auf.

Dirk brauchte klare Hinweise, dass eine Annäherung willkommen war. Mit diesem Gedanken holte sie das andere Geschenk aus dem Päckchen, zwei Liebeskugeln. Ihre Freundinnen hatten erklärt, dass diese sie bei jeder Bewegung angenehm massieren würden und sie so trefflich für ein Liebesspiel vorbereitet sei. Als Eva beim Gehen die Schwingung der kleinen rotierenden Gewichte in den Kugeln spürte, wusste sie, was ihre Freundinnen gemeint hatten: Ihre Aufmerksamkeit zog sich in ihrem Schoß zusammen.

Der Vormittag war trübe. Die Sternenlichterkette am Empfangstresen und die drei LED-Flämmchen auf den dicken Kerzen im Adventskranz leuchteten schwach dagegen an. Freundlich nickte sie Mary zu. Dirk und sie waren in zehn Minuten in ihrem Büro verabredet. Genügend Zeit also sich noch einen Cappuccino zu holen. In der Adventszeit gab es als kleines Goodie für die Belegschaft immer diese aromatisierte Röstung mit dem Geschmack nach gebrannten Mandeln, die sie sehr lecker fand. Auf den weißen Schaum streute sie noch eine Prise Zimt. Auch den Zimt-Streuer gab es nur in der Adventszeit.

Als Dirk ihr Büro betrat, sich ihr gegenübersetzte, um die Sachlage zu besprechen, war das Prickeln auf der Haut sofort wieder da. Verflixt, mit diesen Kugeln war es noch schwieriger, sich auf ihre Aufgabe zu konzentrieren. Hätte sie geahnt, wie wirkungsvoll diese Kugeln waren, hätte diese doch erst später eingeführt. Nun befand sie sich in einem Dilemma. Einerseits wollte sie keinesfalls die sinnvollen Maßnahmen zur Vermeidung von sexueller Belästigung konterkarieren. Andererseits waren die Pheromone, die ihr erregter Körper ausstrahlen sollte, Teil ihres Plans. Doch sie hatte gedacht, der Effekt würde deutlich später einsetzen, wenn sie Dirk in der Mittagspause beispielsweise außerhalb der Kanzlei zum Essen einlud. Sie beschloss, sich einfach so wenig wie möglich zu bewegen.

Die Sachlage war klar: Der Ehevertrag war uneindeutig, was das Erbe der Noch-Ehefrau betraf, sollte der eventuell geschiedene Ehemann vor ihr Sterben. Dafür benötigten sie morgen einen Vorschlag, mit dem beide Seiten zufrieden waren. Sie tauschten sich über die Möglichkeiten aus und ihre jeweilige Einschätzung der Klienten. Im Moment ergab sich noch eine Situation, in der sich der Mann und die Frau auf den gegenüberliegenden Seiten eines Abgrunds befanden. Ein Vergleich, den Dirk aus irgendeinem Grund zum Lächeln brachte. Ein Lächeln, das in ihr wiederum den Wunsch weckte, mit ihm jeden Abgrund zu überwinden. Als sie ein wenig Milchschaum von ihrer Oberlippe leckte, sah sie, dass er nicht diskret wegschaute. Kurz veränderte sich die Stimmung zwischen ihnen. Es entstand eine Spannung, die sich nicht auf den gemeinsamen Austausch des morgigen Gerichtstermins bezog.

Nach ein paar Stunden, in denen ihre Gehirne auf Hochtouren gearbeitet hatten, stand ihre Strategie. Erst als sie aufstand, das Arbeitspapier aus dem Drucker nahm und Dirk ein Exemplar reichte, erinnerte sie ein sanftes Schwingen wieder an ihren Plan, den sie über die intensive Arbeit vergessen hatte.

Dirk stand ebenfalls auf, als er schon fast an der Tür war, äußerte sie ihren Vorschlag. »Was meinst du«, sagte sie leichthin. »Unsere Strategie für das Vorgespräch zur Verhandlung steht. Mein Nachmittag in der Kanzlei verspricht entspannt zu verlaufen. Lust auf ein gemeinsames Mittagessen? Im Pane e Vino?«

Er nickte und gemeinsam gingen sie Richtung Garderobe.

»Darf ich dir in den Mantel helfen?«

Zu ihrer Überraschung wusste er, welcher Mantel ihrer war. In dem

Moment, als sie mit dem Arm in den Mantelarm schlüpfte, war er ihr näher als je zuvor. Sein Duft stieg ihr würzig herb in die Nase. Im Garderobenspiegel sah sie, dass er in ihren Ausschnitt blickte. Obwohl sie diese auffällige Wäsche gewählt, die Kugeln eingeführt und das Angebot, gemeinsam Essen zu gehen, ausgesprochen hatte, um seine Aufmerksamkeit auf sie als Frau und nicht als wertgeschätzte Kollegin zu lenken, war es ein seltsames Gefühl, als sie sein Interesse plötzlich so eindeutig wahrnehmen konnte. Als sie seinen erschrockenen Gesichtsausdruck bemerkte, als er erkannte, dass sie seinen Blick sehr wohl gesehen hatte, lächelte sie beruhigend. Er ließ den Mantel los und sog heftig die Luft ein. Mit Genugtuung sah sie ein verblüfftes Funkeln in seinen Augen. Ihr Herz setzte für einen Schlag aus. Er hatte ihren Duft nach Lust und Sex mehr als wahrgenommen. Verwirrt trat er einen Schritt zurück.

»Was meinst du, sind wir bereit?«, fragte sie.

»Bereit?« Er wirkte immer noch verwirrt.

»Für morgen, für unsere Kampfhähne!«, sagte sie. »Meinst du, unser Vorschlag führt dazu, dass sie ihren Kampf beenden?«

»Es ist ein guter Vorschlag, für beide, ich bin zuversichtlich.«

Sie folgte ihm nach draußen. Er ging mit dem Gang eines selbstbewussten Mannes vor ihr die Treppe hinunter. Es war dumm gewesen, das Gespräch wieder auf das Geschäftliche gelenkt zu haben.

Doch beim Essen lockerte sich die Stimmung wieder und sie unterhielten sich ungezwungen über alles möglich. Wenn er etwas erklärte, dann unterstrich er es mit eleganten Handbewegungen. Sein Mund lächelte beim Sprechen so sexy und verführerisch, dass in ihr die Hoffnung auf ein Date wieder aufkeimte. Das Mittagessen fühlte sich definitiv eher wie ein vertrautes Gespräch unter Freunden an als wie ein Business-Essen, was sie sehr freute. Als jeder für sich bezahlte, staunte sie darüber, dass sie eine Stunde lang weder über ihre Fälle noch über andere berufliche Themen gesprochen hatten.

Schweigend gingen sie nebeneinander. Die Temperatur lag knapp über dem Gefrierpunkt. Um zurück zur Anwaltskanzlei zu gelangen, schlängelten sie sich durch die Menschenmassen auf dem Weihnachtsmarkt am Marktplatz, vorbei am riesigen Nussknacker und der in Gold geschmückten Weißtanne.

»Der ist über zwanzig Meter hoch«, sagte Dirk unvermittelt. »Der am Schlossplatz ist noch größer. Um nur vier Bäume in der Innenstadt aufzustellen, belaufen sich die Ausgaben auf mehr als 20 000 Euro. Dazu kommen noch die Weihnachtskugeln, die Anhänger mit der Stuttgart-Silhouette darauf, tausende Meter von Lichterketten und die Stromkosten.«

Eva schaute hinauf bis zur Spitze. Da stolperte sie über eine Kabelschiene, die zu einer der Buden führte, schwankte einen Augenblick und stützte sich spontan auf seinem Arm ab.

»Es nervt, dieses ganze Getue um Weihnachten. Warum kann dieser schöne alte Baum nicht einfach weiter im Wald stehen bleiben?«, fragte sie. »Lass uns diesem Weihnachtswahnsinn entkommen, indem wir was anderes machen. Ich wollte schon immer mal ein Schießtraining absolvieren.«

»Wir könnten Axtwerfen im Wald veranstalten, das wäre auch eine Alternative.«

» ... oder Horrorfilme schauen. Du weißt schon, diese Art von Filmen, bei denen Männer Helden sind, Frauen kreischen und sich in deren starke Arme flüchten.« Ihr Herzschlag beschleunigte sich, aber allzu direkt durfte auch sie wiederum nicht werden, Übergriffigkeit funktionierte schließlich in mehrere Richtungen. Herrje, war das ein Tanz auf dem Vulkan. »Und sind sie gerettet, gehen sie mit dem Helden ins Bett.« Dabei sah sie ihn eindringlich an, ohne einmal zu blinzeln. »Genau so einen Film könnten wir anschauen. Einer, bei dem sich auch die Zuschauerin vor Schreck in die Arme des Mannes an ihrer Seite wirft.« Ihre Hände zitterten und sie versteckte sie rausch in ihren Manteltaschen.

Er grinste erstaunt und erfreut zugleich. »Heute Abend?«

Und dann war es wie in einem der verhassten Weihnachtsfilme – auf den Treppen vor dem Rathaus hatte sich ein Chor aufgestellt und begann zu singen. Sie sahen sich an und lachten.

Raunacht

Überraschend schnell für die Höhe und schmale Form ihrer Absätze kam Bea mehrmals am Tag aus ihrem rechteckigen, fensterlosen Raum herausgestürmt. Es war schwer ein Wort dafür zu finden, wie sie sich bewegte – geschäftig, energisch? – das traf es alles nicht genau – im Grunde erinnerte sie mich an ein Raubtier.

Der Raum ohne Fenster sollte keineswegs eine Hierarchie widerspiegeln, sondern war ihrer Arbeit geschuldet. Da Bea als Pressefrau unserer Agentur praktisch ständig telefonierte, hatte sie aus Gründen der Diskretion einen der wenigen Miniräume bezogen. Die fehlenden Fenster waren der damaligen Nutzung des früheren Industriebaus geschuldet. Die Agentur, in der ich Kreativchef war, war im Sommer vergangenen Jahres hier eingezogen und die meisten von uns saßen in dem großzügigen Loft, der durch ein paar Bücherregale und Stellwände mit aktuellen Moodboards angenehm strukturiert war. Mit der für den Industrial Style typischen hohen Decke, dem großen Oberlicht, unter dem ein langer Baumstammtisch stand, der das soziale Herzstück der Agentur bildete, entsprachen die Räume dem derzeitigen Trend für Geschäftsgebäude, zumindest in der Kreativbranche. Abgesehen von den Waschräumen und den erwähnten Miniräumen gab es hier keinen Quadratmeter Privatsphäre. Manchmal stand allerdings auch Beas Tür offen. Dann beobachtete ich sie im Schein ihrer Schreibtischlampe. Wenn sie telefonierte, drehte sie sich zur Wand. An ihrem Lachen hörte ich, ob es ein geschäftliches oder privates Telefonat war. Telefonierte sie privat, war ihre Stimme sanft und weich. Wenn sie aufrecht saß, selbstbewusst sprach, dann war es geschäftlich.

Sie war erst seit Anfang Dezember Teil des Teams. Während ich darüber nachdachte, ob es wirklich das schmale Gesicht war, das ich zuerst von ihr wahrgenommen hatte, oder doch die ovalen Schenkel, den flachen Bauch und diese kleinen Brüste, glitt ich plötzlich mit schwitzigen Händen über die Tastatur.

Sie hatte einen Teint wie Milchschokolade, kornblumenblaue Augen, dunkel getuschte Wimpern, volle Lippen und schwarzes Haar. Ihr Kleidungsstil war selbst für die Werbebranche außergewöhnlich: Jacken mit Schößchen, Kragen aus Fell, Ringe groß wie Kronen, tellergroße Ohrgehänge, Hosen aus lederartigen Stoffen und dazu immer wieder diese wahnsinnig hohen Schuhe.

Immer wieder ertappte ich mich dabei, wie ich sehnsüchtig auf ihre Zimmertür starrte, die genau gegenüber von meinem Schreibtisch lag.

Nachdem ich mich mehrere Tage darauf beschränkt hatte, sie stumm zu beobachten, suchte ich die erste Begegnung in der Küche. Sie goss heißes Wasser auf eine seltsam duftende Kräutermischung. Ich drückte am Kaffeevollautomaten den Knopf für eine Latte macchiato. Bisher hatte ich sie lediglich hinter meinem Schreibtisch sitzend wahrgenommen, jetzt fiel mir auf, wie klein sie war.

Sie reichte mir gerade bis zur Brust. Am Scheitel sah ich helle Kopfhaut durch das Schwarz schimmern. Gern hätte ich die Hand ausgestreckt und mir eine Strähne ihrer Haare um den Finger gewickelt oder wenigstens ihre Schulter berührt, ihr mit einer Geste der Zärtlichkeit gezeigt, wie schön sie war. Stattdessen sagte ich: »Großartige Schuhe, wie kann man darin laufen?«

»Kein Problem, ich bin Leichtathletin. Ich habe Schenkel hart wie Stahl.« Was für eine Stimme, leise und dennoch bestimmt, kantig und rau. Während sie sprach, beugte sie sich leicht vor und schloss die Hände fest um einen ihrer Oberschenkel. Als sie sich wieder aufrichtete, starrte sie einen Moment zu lange auf meinen leichten Bauchansatz. Treffer, dachte ich und drehte mich weg. Sekundenlang rührte ich in meiner Tasse, bevor ich mich wieder hinter meinen Glasschreibtisch setzte. Sie hatte sich bereits in ihre Höhle zurückgezogen. Plötzlich öffnete sich die Tür und Bea tauchte im Türrahmen auf. Ganz in Gedanken lief sie geradewegs auf mich zu und schüttelte ihre langen, glänzenden Haare. Mir stockte der Atem. Wortlos holte sie sich ihre Ausdrucke aus dem Ausgabefach des Druckers hinter mir und verschwand wieder in ihrer Höhle. Sie hatte offenbar einfach durch mich hindurchgesehen.

Wow, was für eine Frau, dachte ich. Zum Fürchten, zum Küssen, zum Aufknacken und Ausschlürfen, um sie dann anschmiegsam zu machen.

Als sie später erneut an meinem Schreibtisch vorbeikam, stellte ich mir ihre harttrainierten Oberschenkel nackt vor und wie sie durch den Wald joggte, nur mit einer ihrer Felljacken bekleidet.

Am Abend, wir beide waren heute die Letzten in der Agentur, kam sie aus ihrem dämmrigen Raum raubtiergleich auf mich zu. Diejenige, die nie den Blick auf mich gerichtet, die den Loft stets zielorientiert durchquerte, die stets stumm an meinem gläsernen Schreibtisch vorbeistreifte, die ich, zumindest wenn ich in meine Arbeit vertieft war, erst wahrgenommen hatte, wenn mich der Luftzug ihre Bewegung streifte, schien heute etwas anderes vorzuhaben. Sie knallte die Absätze ihrer Stiefel auf den Boden, wie um zu sagen »Schau mich an!« Gebannt starrte ich ihr entgegen. Im Gehen knöpfte sie sich ihre Jacke auf. Kurz bevor sie meinen Schreibtisch erreichte, riss sie ihr Seidentop hoch, streckte mir ihre Apfelbrüste entgegen und fauchte: »Genug gesehen? Willst du sie auch noch begrapschen?« Dabei fixierte sie mich mit ihren blauen Augen, in denen der Zorn loderte. Schon zog sie das Top wieder herunter, glitt an mir vorbei wie der Schatten eines Panthers, schnappte sich ihre Ausdrucke und ging in eisigem Schweigen an mir vorüber.

Mein Herz hämmerte. Hatte ich tatsächlich ihre nackten Brüste gesehen? Trug sie keinen BH? Sicher war ich meinen Fantasien aufgesessen. Fluchtartig verließ ich die Agentur.

Am anderen Tag roch ich jedes Mal, wenn sie an meinem Schreibtisch vorbeikam, den herben Duft von Waldboden nach einem Regen. Aber ich wagte nicht den Kopf zu heben, fühlte mich schon unterlegen, wenn ich mir nur vorstellte, was ich in ihren Augen sehen würde: Spott und Herablassung.

Die Vorweihnachtszeit war hektisch gewesen, und ich nutzte die Zeit zwischen den Jahren meist, um aufzuräumen, um darüber nachzudenken, was gut gelaufen war und wo ich hätte, besser sein können. Diese Bilanz half mir wiederum, mich aufs nächste Jahr vorzubereiten. Wo stand ich? Wo wollte ich hin? Was wollte ich erreichen? Diese Jahreszeit hatte was, was mich dünnhäutiger werden ließ. In dieser Zeit hatte ich die Agentur-Loft meist für mich allein, die anderen hatten Familie oder verreisten. Ich genoss diese Zeit der Ruhe und war völlig überrascht, als Bea vor mir stand.

»Du arbeitest? Du weißt schon, dass wir die Raunächte haben.«

»Ich hatte raue Tage, von rauen Nächten weiß ich nichts, außer von schlaflosen.«

»Das sind die zwölf Nächte zwischen Heiligabend und dem 6. Januar. Sie gelten als magische Zeit.«

»Magisch für was?«

»In dieser Zeit ist die Grenze zwischen der sichtbaren und unsichtbaren Welt durchlässig. Deshalb können Naturgeister und die Geister deiner Verstorbenen frei umherwandern. Sie können deine reale Welt beeinflussen – positiv wie negativ – wenn du nicht aufmerksam bist. Willst du das?«

»In gewisser bin ich deshalb hier. Nicht wegen dem Geistergedöns, daran glaube ich nicht, aber an die positive Kraft des richtigen Mindsets. Und du?«

»Ich will die Räume von negativen Energien befreien, die bösen Geister vertreiben, Es gab doch einige heftige Auseinandersetzungen hier an diesem Tisch. Ich werde das Loft mit guter Energie fürs neue Jahr aufladen.«

Ich sah sie kurz entgeistert an. Machte sie Scherze? Wobei das mit der gereizten Stimmung zutraf. Ein großer Auftrag hatte an unseren Nerven gezerrt und letztendlich viel weniger Geld eingespielt als gedacht.

»Nur zu«, sagte ich leichthin.

Neugierig beobachtete ich, wie sie in ihrer Höhle ein Bündel von getrockneten Kräutern aus einem Korb holte. Sie zündete es mit einem langen Streichholz an und wedelte die Flamme mit sanften Bewegungen wieder aus. Das Räucherbündel begann zu qualmen. Der Rauch waberte als hellgraue Wolke durch den Schein ihrer Schreibtischlampe. Mit ruhigen Schritten und einem leisen Singsang begann sie den Tisch zu umkreisen. Der Kräuterduft zog bereits bis zu meinem Schreibtisch herüber. Mein Körper begann zu schwitzen. Unversehens umschwirrten mich eine Million Erregungsmoleküle und mein Kopf war leer gefegt bis auf einen Gedanken: Ich will sie.

Schon sah ich uns auf dem langen Tisch auf ihrem Fellmantel miteinander ringen. Ein Kampf um die Vorherrschaft, mal lag sie oben, mal ich. Obwohl sie verbissen kämpfte, musste sie mir aber doch als Zeichen der Unterwerfung ihren Hals zum Biss anbieten. Ich wischte mir mit der Hand über die Augen. Die Fantasiebilder lösten sich auf, die Erregung blieb.

Sie hatte eine Art, sich unbemerkt zu nähern und ich zuckte, wie ertappt zusammen, als sie sagte »Du siehst blass aus. Haben dich deine Geister der Vergangenheit besucht? «

»Eher die der Zukunft.«

»Interessant, meine Kräuter wirken bei jedem unterschiedlich. Es kann gut sein, dass du auch deinen verborgenen Wünschen begegnest und sie dir deinen Weg zeigen.«

»Was waren das für Kräuter?«

»Unter anderem Salbei und Palo Santo, ein heiliges Holz aus Südamerika.«

»Seltsamer Brauch, die Geister mit Holz auszutreiben, für das in Südamerika der Regenwald abgeholzt wird.«

»Aha, Mister Besserwisser hat wieder geschlussfolgert, ohne nachzufragen.« Sie funkelte mich böse an. »Selbstverständlich nehme ich nur Holz von umgestürzten Bäumen aus nachhaltig bewirtschafteten Waldregionen.«

Da hätte ich mich beinahe verschluckt. Ja, ich bin ein Zyniker, das weiß ich. Doch sie war ernsthaft bei der Sache. Falls ich diese Frau wirklich erobern wollte, müsste ich an meinen Verführungstechniken arbeiten.

»Ich bin noch nicht fertig, mit ausräuchern. Vermutlich haben sich bei dir die bösen Geister hinter dem Drucker versteckt.«

Und damit schritt sie zur Tat. Als ich sie ansah, war klar, dass sie das nicht ernstgemeint hatte.

Über den Nachmittag veränderte die Büro-Räucherung offenbar einiges bei mir. Es war, als lösten sich verschiedene Knoten. Half der Rauch von

Kräutern tatsächlich, um wieder ins Gleichgewicht mit sich zu kommen? Hätte mir das jemand vor ein paar Tagen erzählt, hätte ich darüber gelacht.

Gegen Abend hörte ich die zischenden und säuselnden Geräusche des Wasserkochers. Ich hob den Kopf, mit zwei Tassen in der Hand kam Bea auf mich zu. Sie sah so gut aus, und ich dachte an meine Vision vom Mittag, wie wir miteinander gekämpft hatten, wie ich sie mir nackt auf ihrem Fellmantel liegend vorgestellt hatte.

Sie sog die Luft ein, ihre Lippen kräuselten sich, sie schnupperte. Was sie wohl roch? Sie schaute mir offen in die Augen, so wie ich es schon von ihr kannte, und bot mir eine Tasse an. Süßlicher Dampf stieg mir in die Nase, ich trank in kleinen Schlucken. Je mehr ich trank, desto mehr steigerte sich meine Erregung. Ihre handtellergroßen Perlmuttohrringe schwangen wie zwei Pendel vor und zurück. Ich kniff die Augen zusammen. Etwas zog an mir, meine Nervenenden vibrierten. Sie lächelte, warf ihr schwarzes Haar nach hinten.

»Es ist wichtig, diese Reinigungen zwischen den Jahren abzuhalten. Die Äußere und die Innere. Du hast es gespürt, nicht wahr?«

Ich nickte.

»Du bist sympathisch, wenn du deinen Zynismus weglässt.«

Es war das erste Mal, dass sie mir gegenüber etwas Freundlichkeit zeigte.

»Wie du mitbekommen hast, habe ich unsere Medienpräsenz erhöht, vor allem auf Instagram. Das ist gut für die Personalrekrutierung. Wir werden da nach und nach als innovative Agentur wahrgenommen, bei der junge Menschen gerne arbeiten möchten.«

Ich nickte wieder, hatte ich doch auch ein paar Bild-Ideen beigesteuert. Dabei spielte der Tisch eine Rolle, an dem wir aßen und unsere Besprechungen abhielten, der mir in meiner Vorstellung aber gerade völlig andere Möglichkeiten der Nutzung suggerierte. Ich könnte sie auf den Tisch drücken und so lange küssen, bis sie von meinen Qualitäten als Liebhaber überzeugt wäre.

»Um die Entscheidungsträger zu erreichen, brauchen wir die klassischen Medien, das muss ich dir nicht erklären. Ich habe ein paar Telefonate geführt und einige Interviews für dich arrangiert. Sei du selbst und du wirst sie beeindrucken.«

Ihre Stimme klang weich und sie überraschte mich mit dieser Aussage, ging ich doch bisher davon aus, dass sie mich fachlich für eher wenig kompetent hielt.

Noch mehr überraschte mich, dass sie mir ihre Hand auf meinen Unterarm legte und ich an ihren geweiteten Pupillen sogar Sympathie für mich entdeckte. Ich sollte an den Journalisten interessiert sein, Fragen stellen, welches Magazin sie vertraten, aber ich war nur fasziniert von ihren Augen.

Sie beugte sich vor. »Du willst aber gerade etwas ganz anderes tun, nicht wahr?«

Ich erstarrte und atmete heftig durch.

»Ich rieche es. Du musst dich nicht zurückhalten.« Ihre Stimme wurde leise, beschwörend, verfiel in einen ähnlichen Singsang wie bei der Ausräucherung.

Wie unter Trance knöpfte ich mein Hemd auf. Weiß leuchtete meine Haut im Halbdunklen, indem sich jede Kontur aufzulösen schien. Im nächsten Moment kippte der Boden nach links und im nächsten Moment zur anderen Seite. Ich hatte schon von halluzinogenen Pilzen gehört, aber noch nie von Kräutern mit dieser Wirkung. Ich starrte auf einen ihrer Ohrringe. Er wurde größer und größer, verwandelte sich in ein Pendel, das hin- und herschwang und dann zu kreisen begann. Ich drehte mich mit ihm – schneller und schneller – fiel und landete auf einer Lichtung. Zwei Monde standen am samtschwarzen Himmel. Sterne funkelten und ich befand mich inmitten völliger Stille. Vor mir stand Bea. Sie war mir an diesen magischen Ort, weit weg von der Stadt gefolgt. Ohne nachzudenken, legte ich meine Hände auf ihre Brüste. Doch sie schlug sie beiseite und begann mich zu umkreisen. Instinktiv rannte ich los, von ihr gejagt wurde ich zum Wild. Sie war schnell. Der Vorsprung, den ich gewonnen hatte, schmolz dahin. Ich keuchte, taumelte. Sie sprang mir ins Kreuz und brachte mich zu Fall. Kaum drehte ich mich, warf sie sich auf mich, rang mit mir, doch ich war der Unterlegene, bot ihr meinen Hals im Rausch. Sie liebkoste ihn, küsste meinen Mund, hart und hungrig. Besitzergreifend legte sie ihre Hand auf den Reißverschluss meiner Jeans. »Das ist alles, was ich will und brauche.« Ihre Stimme war rau.

Daran, wie ich meine Kleider verlor, erinnerte ich mich auch später nicht. Doch die plötzlich Kühle des Waldbodens ließ mich meine Nacktheit fühlen. Auch sie war nackt, bis auf das Fell, das sie wie ein Dreieckstuch um ihre Hüften geschlungen hatte. Sie stand über mir und setzte einen Fuß auf meine Brust. Ich konnte die Kontur ihrer Schulter sehen, das lange Haar fiel ihr auf die Brust. Mein Blick glitt den Konturen ihrer schmalen Taille entlang und folgte der sanft nach außen gewölbten Hüfte. Wie gebannt schaute ich nun auf die rosa Spalte zwischen der olivfarbenen Haut ihrer kräftigen Schenkel. Vor lauter Erwartung, was als Nächstes geschehen könnte, wurde ich fast verrückt. Diese Frau agierte außerhalb meiner Kontrolle. Ich konnte mich nicht erinnern, wann dies jemals in meinem Leben geschehen war. Unvermittelt setzte sie sich auf mich, ihre Nägel krallten sich in meine Schultern. Mein Atem stockte. Ihre harten Muskeln spürte ich unter meinen Handflächen, als ich ihr die Hände auf die Schenkel legte. Ich begehrte diese Frau so sehr, dass sich ihr meine Erregung in einem steil aufgerichteten Penis entgegenstreckte. In ihren Augen sah ich Hitze und etwas Undefinierbares. Und doch hielt sie inne und sah mich durchdringend an. »Es sind die Raunächte. Alles ist möglich. Dennoch brauche ich ein Ja von dir.« Spinn ich, oder was? Bis hierher dachte ich, ich sei in einem Traum, halluzinierte nur, was ich mir sehnlichst wünschte.

»Sag mir, dass du das willst.«

»Ja, … ja. «, meine Stimme klang ebenso rau wie ihre. Sie schob zwei Finger zwischen Fell und Haut und zauberte ein Kondom hervor. Diese Frau war unglaublich, hatte sie das alles geplant? Nun war ich mir sicher, dies alles passierte, auch wenn es vollkommen unwirklich war. Ihre Finger berührten meinen Penis und ich hätte beinahe gelacht, als ich unwillkürlich an das Wort Zauberstab dachte. Allerdings blieb dafür keine Zeit, so rasch hatte sie das Kondom übergezogen. Ich keuchte auf, und wölbte mich ihr entgegen, als sie meinen Penis zwischen ihre feuchten warmen Lippen aufnahm. Mit einem leisen Schrei quittierte sie seine Härte und glitt an ihm auf und ab. Ihr Innerstes zog sich fest um ihn zusammen. Sie hätte Muskeln aus Stahl, hatte sie gesagt, und das schien sich nicht nur auf ihre Oberschenkel zu beziehen. Sie ging es langsam an, bewegte sich rhythmisch, begleitet von Zuckungen in ihrem Inneren.

Plötzlich hatte sie wieder einen Kräuterquast in der Hand. Was auch immer die Mischung war, mit dieser peitschte sie ihre Oberschenkel, den Bauch und die Brust, wie ich es bei den Finnen in der Sauna gesehen hatte. Dort war es Birkenreisig gewesen. Dabei ritt sie mich weiter ohne Eile, während ich alle Muskeln anspannte, um nicht die Kontrolle über meinen Stab zu verlieren und zu früh zu kommen. Mit dem Kräuterquast bearbeitete sie nun auch mich. Bei jeder Berührung sonderte es eine ölige Substanz und diesen Duft nach Kräutern, Harze und Hölzer ab, den ich erst bei der Ausräucherung, dann in ihrem Tee gerochen hatte. Das Gefühl, auf einer Waldlichtung zu liegen, verstärkte sich. Ich fühlte Hitze, wie Fieber. Was zum Teufel ging da in mir vor? Ich wandelte auf einem gefährlichen Grat zwischen Lust und Irre sein.

Irre, weil ich Rasseln, Tamburine, Trommeln und Glocken hörte. Waren das die guten oder bösen Dämonen von denen Bea gesprochen hatte? Waren es die Bäume, die tanzten und musizierten?

Lust, weil ich so geil war, dass ich schier platzte und jeder Schlag mit dem Kräuterquast mir Glück, Kraft und Fruchtbarkeit schenkte. In mir lösten sich alle Schmerzen und Verspannungen, alle Ängste und Verletzungen. Als ein Rudel Wölfe auftauchte, wunderte ich mich nicht. Sie bildeten einen respektvollen Kreis um uns. Gelb glommen ihre Augen. Als sie ihren Kreis enger um uns zogen, steigerte Bea ihr Tempo. Ihre Haut schimmerte wie der grüne Aventurin, war feucht und seidig von den Schlägen. Nie hatte ich eine schönere, leidenschaftlichere Frau gesehen. Fleisch an Fleisch, Atem in Atem, alles Denken verging mir. Wir waren hier auf das Wesentliche reduziert, Mann und Frau mitten in der Natur, mit der wir zum Gipfel stürmten und den sie mit einem gellenden Triumphschrei Sekunden vor mir erreichte.

Blitze zuckten hinter meinen geschlossenen Lidern. Als ich die Augen öffnete, fuhr mir der Lichtstrahl einer Schreibtischlampe direkt ins Gehirn. Meine Glieder schmerzten, mein Mund war trocken. Als ich mich aufrichtete, erkannte ich, dass ich nackt unter einer Decke auf dem Sofa lag. Ein Möbel, dass wir für den Messestand eines Kunden besorgt hatten und welches er nicht behalten wollte. Meine Gedanken flossen zäh wie Lava, ich konnte mich nicht erinnern, wie ich dort hingekommen war.

Hatte ich gestern einen Schwächeanfall bekommen und war von Bea hier abgelegt worden? Nein, sicher nicht, sie hätte mich nicht nackt und bewusstlos zurückgelassen. Ich fuhr mir über das Gesicht, um meine Benommenheit abzuschütteln. Als ich meine zerkratzten Schultern untersuchte, kam mir die letzte Nacht wieder ins Bewusstsein. Rasch stand ich auf und sammelte meine Klamotten zusammen, die verstreut um den Baumstammtisch herum lagen. Ich zog mich an und wusch mich auf der Toilette. Den Tisch, der mir zur Lichtung geworden war, betrachtete ich mit einer gewissen Scheu. Ich streichelte das Holz, das hatte ich noch nie getan. Ich schaute zum Oberlicht, wo ein Stück blauer Winterhimmel zu sehen war. Der Anblick freute mich, das war schon lange nicht mehr so gewesen. Nachdenklich setzte ich mich hinter meinen gläsernen Schreibtisch und prüfte mehrere Erklärungen auf Tauglichkeit. Da es eine Raunacht gewesen war, halluzinierte ich meine verborgenen Wünsche und nichts davon war geschehen? Doch dagegen sprach eigentlich alles, die Kratzspuren, die deutliche Erinnerung. Dass es geschehen war, zog ich nicht in Zweifel.

Es fiel mir schwer, eine Erklärung für ein warum zu finden. Zweiter Versuch: Mann wird von einer verzweifelten Frau, die sich rasend ein Kind wünscht, seines Samens beraubt. Nein, es war safer sex gewesen. Auch wenn ich wusste, dass diese Version meinem männlichen Hochmut entsprang, gefiel sie mir wesentlich besser als die dritte, die wahrscheinlich der Wahrheit am nächsten kam: Mann wird von einer freien Frau in der Umkehrung der üblichen Verhältnisse für ihre Lust benutzt. Das war neu für mich und noch wusste ich nicht so genau, wie ich mich damit fühlte. Es wäre mir lieber gewesen, wenn die Frau, mit der ich diesen unglaublichen Sex gehabt hatte, neben mir aufgewacht wäre. Doch sie hatte sicher nicht aus romantischen Gefühle Sex mit mir gehabt, sondern aus animalischen, vielleicht sogar aus rituellen, um sich und mich zu reinigen. Denn so etwas in der Art war mit mir geschehen. Ich fühlte mich leicht und klar, energiegeladen, bereit für das kommende Jahr. Doch sehnte ich mich schon jetzt danach, die Wolfsfrau wiederzusehen.

Da zischte in der Küche der Wasserkocher. Das Geräusch stimmte mich froh. Es versetzte mich in die vergangene Nacht zurück, erinnerte mich an ihre Leidenschaft und Kraft. Ich hoffte inständig, dass es nicht nur ein One-Night-Stand gewesen war. Schließlich gingen die Raunächte bis zum 6. Januar.

Der Bote

Lisa sah durch den Spion. Ein junger Mann stand vor ihrer Tür. Sein Gesicht war größtenteils von einem großen, breitkrempigen Hut verdeckt. Die Augen lagen im Schatten. Die Nase war schmal geschnitten, seine Wangen von der Luft gerötet. Ein leichter Flaum schmückte die schöngeschwungene Oberlippe. Unter dem Hut quollen haselnussfarbene Locken hervor. Lisa beobachtete jeden, der unerwartet bei ihr klingelte, äußerst sorgfältig. Schließlich hatte sie genügend Filme gesehen, in denen Frauen schlimme Dinge zugestoßen waren, nachdem sie dem ›Falschen‹ die Tür geöffnet hatten. Doch dieser Fremde schien in seiner ruhigen und bedächtigen Art keine Gefahr zu sein. Sein weißes Hemd und die grüne Brokatjacke mit goldenen Verzierungen stammten aus einer anderen Zeit. Ein Hauch von Renaissance inmitten des 21. Jahrhunderts. Seine Geduld überraschte sie. Er stand dort, ohne Eile, als ob er den Augenblick genießen würde.

Ein erneutes Läuten der Türklingel unterbrach ihre Gedanken und sie zuckte zurück. Als sie wieder durch den Spion blickte, war sein Gesicht hinter einem Frühlingsstrauß verborgen. Ein Lächeln erhellte ihre Miene, das erklärte natürlich alles: Er war ein Bote des Blumenhauses am Hofgarten. Alles, was das Ende der dunklen Jahreszeit und das heiß ersehnte Frühjahr ankündigte, war ihr willkommen. Sie hatte genug vom Schmuddelwetter, von vereisten Straßen und der dicken Winterkleidung. Sie liebte es warm und bunt. Sie war einfach eine Sommerfrau. Schwungvoll öffnete sie die Tür.

»Hallo Lisa«, begrüßte der Bote sie mit einem freundlichen Lächeln. Als er seinen Hut abnahm, erkannte sie ihn.

»Fabian! Was verschlägt dich hierher? Dachte, du wärst in Innsbruck auf dieser Floristenschule.« Nun war sie doppelt froh, über diesen unerwarteten Boten.

»Seit einer Woche bin ich Meisterflorist«, verkündete er stolz und führte eine leichte Verbeugung aus. »Und als ich hörte, für wen dieser Frühlingsstrauß bestimmt ist, habe ich die Lieferung persönlich übernommen.«

Ihr Herz schlug schneller, was sie überraschte. »Hat meine Mutter den Strauß bestellt?« Sie kräuselte die Stirn. »Heute Abend wird sie mich anrufen, und jeden einzelnen Blumennamen wissen wollen.«

Er lachte. »Ich erinnere mich noch gut an ihre strenge Stimme, wenn sie die Lateinvokabeln abgefragt hat.«

Klar kannte er ihre Mutter. Schließlich hatten sie dieselbe Schule besucht und für sie war er der heißeste Typ gewesen, den sie nur aus der Ferne angeschmachtet hatte.

»Könntest du mir die Blumennamen schnell beibringen? In deinem Strauß kenne ich kaum eine. Wie ich meine Mutter kenne, hat sie genau das bezweckt.« Der Gedanke an das Telefonat verursachte ihr Magengrimmen. Ihre Mutter war einfach sehr anstrengend und hartnäckig. Aus Angst, angesichts deren strengen Begutachtungen zu versagen, hatte sie sich Stunde um Stunde in ihre Schulbücher vergraben. Und so war es auch während ihrem Studium geblieben. Für ihre Magisterarbeit hatte sie ihr Arbeitspensum deutlich erhöht. Sie schrieb gerade das fünfte Kapitel. Die letzten Monate hatte sie sich dafür aus dem sozialen Leben weitgehend zurückgezogen.

»Dieses Mal ist sie unschuldig«, sagte er. »Ich habe den Strauß zusammengestellt.«

»Anrufen wird sie trotzdem, und erst Ruhe geben, wenn wir auch die wissenschaftlichen Namen herausgefunden haben. Das wird Stunden dauern.«

Um seinen Mundwinkel spielte ein zustimmendes Lächeln. Er folgte ihr zum massiven Holztisch, auf dem verstreut ihre Fachbücher und Notizen lagen. Neugierig las er die Titel.

»Archäologie?«

Sie nickte. Es war schon immer ihr Traum gewesen, Archäologin zu werden, und nun war sie unglaublich stolz darauf, dass sie ihn verwirklichte. Die Februarsonne durchflutete den Raum und wärmte ihn spürbar auf. Sie zog den Kaschmirpullover aus und band ihn lässig um die Hüften. Zum Schreiben trug sie meist eine Jogginghose. Doch sie wusste, dass dies in Kombination mit dem engen Spaghettiträger-Shirt, das sie darunter trug, gut aussah. Falls er sowas überhaupt bemerkte. Während ihrer gemeinsamen Schulzeit hatte er sie jedenfalls kaum beachtet. Oder war er nur schüchtern gewesen? Wie er sich wohl in den vergangenen Jahren entwickelt hatte?

Als er den Strauß behutsam auf den Tisch legte, fielen ihr die Kratzer auf dem Tisch auf. Die Sonne entlarvte unerbittlich, dass sie seit ewigen Zeiten nicht mehr Staub gewischt hatte. Himmel, warum machte sie sich Gedanken, wie ihr Zuhause oder sie selbst auf ihn wirkte? Schließlich hatte sie Sinnvolleres zu tun als sich gerade darum zu kümmern. Gut, sie hatte geplant, den vertrockneten Adventskranz wegzuschmeißen, genauso wie sie geplant hatte die Lichterketten wegzupacken, genauso das Minitannenbäumchen, das noch auf der Fensterbank stand und abends in die Dunkelheit blinkte. Aber das hatte alles keine oberste Priorität. Selbst das Weihnachtsfest hatte sie kaum genossen, so eilig hatte sie es, sich wieder an ihre Magisterarbeit zu setzen. Es war längst nicht mehr der Wunsch ihre Mutter zu gefallen, sondern weil ihr dieser Abschluss wirklich etwas bedeutete. Mit voller Überzeugung steckt sie nun ihre ganze Energie in die Magisterarbeit. Doch jetzt war eben für eine halbe Stunde etwas anderen dran. Sie beobachtete, wie er ein Messer aus der Hosentasche zog, es aufklappte und das Band durchtrennte, das die Blumen zusammenhielt. Der kunstvoll gebundene Strauß fiel auseinander.

Er berührte zuerst die Narzisse. »Sie symbolisiert den erwachenden Frühling und die Fruchtbarkeit. Narcissus pseudonarcissus.« Dabei zeigte sich die Andeutung eines Lächelns auf seinem perfekt geschnittenen Gesicht. Die nächste Blume, die er auswählte, leuchtete in einem intensiven Kobaltblau und besaß einem orangefarbenen Mittelstreifen.

»Ist ihr Duft nicht wunderbar?« Er hielt ihr die Blüte direkt vor die Nase. »Dies ist eine Iridodyctium reticulata, auch als Netzblatt-Iris bekannt.«

Viel interessanter als den Duft fand sie die Tatsache, dass dieses Blau der Netzblatt-Iris genau dem Blau seiner Augen entsprach. Langsam und widerstrebend löste sie ihren Blick von diesen Augen und senkte sie zurück auf den Strauß.

Erfreut darüber, dass sie doch eine Blume kannte, zeigte sie darauf. »Ein Klatschmohn«. Er war über und über behaart, an den Blättern, am Stängel und sogar an der kugelförmigen grüne Blütenknospe.

»Richtig. Die Knospe ist kurz davor sich zu entfalten.« Er drückte mit dem Daumennagel auf eine Stelle der prallen Kapsel. »Es gibt sie in vielen Farben und Formen. Ihr wissenschaftlicher Name lautet Papaver rhoeas.« Zarte rosa Mohnblätter falteten sich auf und blitzen aus dem Grün hervor. Seine Stimme war weich und zärtlich. »Diese Blume liebe ich besonders. In voller Blüte wirkt sie zart und duftig.«

Fast fünf Minuten vergingen, während Fabian nacheinander verschiedene Blumen zeigte und ihre deutschen sowie lateinischen Bezeichnungen nannte. Lisa bemühte sich, die Namen zu wiederholen, um sie sich einzuprägen. Doch es fiel ihr schwer, sich zu konzentrieren. Wie poetisch er über die Blumen sprach! Zudem strahlten seine Bewegungen und Erklärungen eine gewisse Sinnlichkeit aus. Konnten Pflanzen sinnlich sein oder war sie einfach außergewöhnlich empfänglich für solche Schwingungen, weil er es war?

»Findest du es eigenartig, dass bestimmte Blüten in mir Assoziationen mit menschlichen Körperteilen wecken?«, fragte sie schließlich.

»Nein, überhaupt nicht. Pflanzen verfügen tatsächlich über Geschlechtsorgane und präsentieren sie in voller, duftender Pracht«, erklärte er.

Gebannt beobachtete Lisa, wie er seinen langen Mittelfinger sanft im kugeligen Blütenkopf einer Ranunkel kreisen ließ. Es war offensichtlich, dass er eine tiefe Verbindung zu den Blumen fühlte, die über das rein Botanische hinausging. Fast so, als ob er ihre individuellen Charaktere und Geheimnisse verstehen konnte.

»Jede Blume«, fuhr er fort, »trägt ihre eigene Geschichte und Bedeutung in sich. Diese Verbindung zwischen Natur und Mensch hat mich schon immer fasziniert. Die Sprache der Blumen ist vielschichtig und reicht weit über ihre äußere Schönheit hinaus.«

Während er sprach, bewegte er seinen Finger sanft von der Ranunkel zur nächsten Blüte, als ob er eine unsichtbare Verbindung zwischen ihnen herstellte. Sie hingegen hatte Blumen bisher nur oberflächlich wahrgenommen.

»Sieh nur«, sagte er und lenkte ihre Aufmerksamkeit auf eine elegante weiße Blume mit langen, schlanken Blütenblättern. »Das ist die Lilium candidum, auch als Madonna-Lilie bekannt. Sie steht für Reinheit und Schönheit. In der Sprache der Blumen symbolisiert sie die Unschuld.«

Sie betrachtete die Blume mit neuen Augen. »Hast du schon immer so eine enge Verbindung zu Blumen gehabt?«

»Ich denke schon, Blumen sind meine Leidenschaft.«

Während sie weiterhin beobachtete, wie sein Finger über die Blüten streichelte, wurde ihr klar, dass dies hier weit mehr war, als nur eine einfache Unterhaltung über Blumen. Die Botanik-Stunde driftete in ihrer Mehrdeutigkeit langsam, aber sicher in Richtung Verführung.

»Schau dir die Anordnung der Blätter genauer an. Was siehst du?«

Erst wusste sie nicht, was er meinte, doch dann strahlte sie und nickte.

»Viele von ihnen ähneln tatsächlich dem Erscheinungsbild einer Vulva. Sobald du das entdeckt hast, wird es schwer, eine Blüte anzusehen, ohne darin das Weibliche zu erkennen.«

Ihre Aufregung wuchs. Es ging ihm hier schon noch um die Blumen, oder?

»Ein absoluter Blickfang in deinem Strauß bildet diese exotische Blütenknospe des afrikanischen Tulpenbaums, Spathodea«, sagte er, während er auf die ampullenförmige Knospe drückte. Wasser spritzte auf ihre Haut und die klaren Tropfen glitzerten in den feinen Härchen ihres Unterarms. Unwillkürlich dachte sie an die lustvolle Intensität des Squirten.

»Die geöffneten Blüten haben eine becherförmige Gestalt und sammeln Regen und Tau. Mit ihrer fleischigen Struktur sind sie zweifellos weiblich. Aber es gibt auch männliche Varianten wie diese Traubenhyazinthe, Muscari comosum.«

Plötzlich ergriff er ihre Hand und strich mit den violett-blauen Blütenständen, an deren Spitze die Pflanze fedrig-buschige Blüten entwickelt hatte, bis zu ihrem Ellbogen hinauf. Ein leises Seufzen entwich ihren Lippen, als hätte er sie selbst berührt.

»Wie fühlt es sich an?«, fragte er nun ganz nah an ihrem Ohr und sie spürte seinen warmen Atem.

»Gut!«

»Wiederhole den Namen, lass ihn aus dir herausströmen«, forderte er sie auf. »Schließe dabei deinen Augen.«

»Eine Muscari comosum, eine Muscari comosum, eine Mus…«

Mitten im Wort küsste er sie, indem er mit der Zunge vorsichtig ihre Lippen teilte, ähnlich wie bei der flauschigen Mohnblumenknospe einige Minuten zuvor. Dort hatte er zarte rosa Blütenblätter freigelegt – bei ihr selbst nun ein ungestümes Verlangen. Es war der erotischste Kuss, denn sie seit langem erlebt hatte. Einer von der Sorte bei dem ihr die Knie weich wurden. Sie schlang die Arme um seinen Hals, um sich ganz diesem Kuss hinzugeben. Seine Finger verfolgten die Linie ihres Halses bis hin zu dem Spaghettiträger.

»Magst du mir zeigen, welche Blume in deinem Garten blüht?«

In diesem Moment wussten sie, dass er nicht mehr über Pflanzen sprach. Schließlich war die Stimmung zwischen ihnen hocherotisch aufgeladen.

»Oje«, sagte sie »seitdem ich mein Thema für die Masterarbeit Wochen lang recherchiert und endlich angefangen habe zu schreiben, ist mein Gärtchen ziemlich vernachlässigt worden.«

Sie lachte über diese Metapher. Außerdem hatte sie sich schon seit einiger Zeit nicht mehr rasiert. Ihr kleines Paradies war regelrecht von Wildwuchs überzogen. »Ich würde sagen Mohnknospe.«

Auch er grinste offensichtlich erfreut darüber, dass sie in seiner Sprache blieb.

»Ich empfinde eine tiefe Dankbarkeit, wenn ich was lange im frostigen Schatten stand, mit Wärme und Aufmerksamkeit bewässern darf. Besonders liebe ich den Moment, wenn sich ein Mohnblumenkopf öffnet«, bemerkte er.

Sie nickte, lehnte sich, den süßen Duft der Blüten atmend, an den Tisch, schob ihre Jogginghose nach unten und streifte sie samt dem Slip ab. Er griff wahllos nach einem Bündel Blumen auf dem Tisch, ließ sich vor ihr auf die Knie nieder und begann sanft ihre Vulva zu schlagen. Ihre Klitoris, die noch tief in Winterruhe verharrte, erwachte. Schon reckte sie ihr Köpfchen zwischen der schützenden Hautfalte hervor.

»Da ist sie, die Schöne. Es ist einfach ein zauberhafter Augenblick, wenn die Knospe sich entfaltet.«

Er legte die Blumen beiseite und klemmte sich eine Ranunkel zwischen Zeige- und Mittelfinger. Lisa hatte noch das Bild im Kopf, wie er die Blüte vorher mit dem Finger penetriert hatte. Nun sah sie fasziniert zu, wie er sie auf ihre Klitoris drückte. Was vorher sein Finger getan hatte, übernahm nun ihr Lustorgan. Es versank in der orangenen Farbe. Mit kreisenden Bewegungen, das Becken vor und zurückschaukelnd, gab sie sich dem Blütenrausch hin. Er, ganz der umsichtige Gärtner, spreizte mit der anderen Hand ihre Vulva-Lippen auf, wie er es mit der grünen Hülle der Mohnknospe getan hatte, beugte seinen Kopf zwischen ihre Schenkel, und redete mit ihrem Geschlecht. »Papaver rhoeas, zeig deine Farbe, bist du zartrosa oder dunkel?«

Er schaute wieder zu ihr, lächelte, seine Augen glänzten. »Rosa!«, sagte er zärtlich.

»Sieh an«, sagte sie. »Bevor hier alles außer Kontrolle gerät, sollten wir uns vielleicht im Bett weiter übers Gärtnern unterhalten. Was meinst Du?«

Dank

An der Entstehung dieses Buches waren viele wunderbare Menschen beteiligt, denen ich aus tiefstem Herzen für ihre Unterstützung und ihr Engagement danken möchte.

Danke auch an mein persönliches Umfeld, das mich immer wieder motiviert, meinen Weg zu gehen. Ein besonderes Dankeschön an meine Erstleserinnen, die mit ihren aufmerksamen Kommentaren und ehrlichen Rückmeldungen dieses Buch mitgeprägt und verbessert haben.

Und ein dickes Dankeschön an euch, die ihr diese Zeilen lest. Ohne euch wäre das Schreiben nicht einmal halb so erfüllend.

Mein besonderer Dank gilt auch dem bekannten Fotografen Vince Voltage, der seine Models auf seine ganz eigene Art inszeniert. Seine Kunst auf dem Cover meines Buches verleiht diesem Werk einen besonderen Look.

Fotograf: Vince Voltage
Instagram: www.instagram.com/vince_voltage/

THE ART OF
VINCE
VOLTAGE

Hutdesign: Pinkzi

Über die Autorin

Ines Witka startete ihr Schriftstellerleben mit Interviewbüchern und Kurzgeschichten, die in verschiedenen Anthologien und Zeitschriften veröffentlicht wurden. Ihre Liebe zum Schreiben führte die studierte Wirtschaftsingenieurin schließlich zu einem Masterstudium im Bereich Biografisches und Kreatives Schreiben an der Alice Salomon Hochschule in Berlin, das sie 2012 erfolgreich mit einem Master of Arts abschloss. Noch während ihres Studiums erschien ihr Werk »Die Nacht der Masken«, und 2015 folgte der Schreibratgeber »Dirty Writing. Vom Schreiben schamloser Texte«, der sie als Expertin für sinnliches Schreiben etablierte. Mit ihrem Debütroman »Perle um Perle«(2016) und der Trilogie »Theater der Lust« (2019–2021) blieb sie ihrem Genre treu. Ines Witka ist regelmäßig in Podcasts zu hören und tritt auch gelegentlich im Fernsehen auf. Sie lebt und schreibt in Stuttgart und gibt leidenschaftlich gerne Workshops zum erotischen, kreativen und biografischen Schreiben.

www.ineswitka.de/
www.instagram.com/ineswitka/

Wenn Ihnen dieses Buch gefallen hat, entdecken Sie auch meine anderen Titel auf den folgenden Seiten. Alle meine Romane und Sachbücher sind im Tolino-Universum erhältlich – zum Beispiel bei Thalia, Hugendubel, ebook.de und vielen weiteren Online-Shops. Geben Sie einfach meinen Namen in die Suchfunktion Ihres Lieblingsshops ein.

Vielen Dank fürs Lesen und viel Freude mit meinen weiteren Büchern!

INES WITKA

Perle um Perle

Taschenbuch: 320 Seiten,
ISBN: 978-3887695729
Auch als E-Book

Der Debütroman der Autorin des Mitmach- und Inspirationsbuch Dirty Writing ist Entwicklungsroman, erotische Erzählung und Familiendrama in einem. Die junge Protagonistin Margarete Henner entdeckt eines Nachmittags eine Perlenkette im Schaufenster eines Antiquitätengeschäfts. Intuitiv überkommt sie der tiefe Wunsch, die Kette zu besitzen. Es ist, als bärgen die Perlen ein Geheimnis, welches sich erst enthüllte, wenn sie ihr gehörten. Als sie dem Sammler erotischer Kunst und Antiquitätenhändler Ignatz Steinfels erklärt, dass sie sich den hohen Preis der Kette nicht leisten kann, macht er ihr ein Angebot: Für jede sinnliche Geschichte aus ihrem Leben, die sie ihm erzählt, erhält sie eine Perle. Überrascht von der Chance, lässt sich die scheue Margarete darauf ein. Noch ahnt sie nicht, dass Steinfels ein Mann mit einer sehr speziellen Obsession ist. Um ihren Teil der Abmachung zu erfüllen, lässt sie sich auf erotische Abenteuer ein, denn sie hat noch nicht viel erlebt, im Gegenteil. Diese Geschichte steckt voller Täuschungen und Wandlungen. Dabei begibt sich Margarete auf eine gefährliche Reise, die nicht nur ihre eigene Erotik, sondern auch lange verlorene Erinnerungen ans Licht bringt. Diese Geschichte steckt voller Täuschungen und Wandlungen.

INES WITKA

Theater der Lust – Mut

Taschenbuch: 288 Seiten,
Auch als E-Book

Wollen Sie wissen, was im Liliths Secret Theater gespielt wird? Dann nehmen Sie in der ersten Reihe Platz. Die Vergangenheit lässt einen nicht einfach los. Das weiß auch Viktoria – und versucht es dennoch mit einem radikalen Neuanfang. Mit Anfang dreißig verlässt sie ihren Ehemann und nimmt ein ungewöhnliches Engagement im Liliths Secret Theater an. Dort erwartet sie eine Bühne, auf der verborgenste Wünsche und Ängste inszeniert werden. Fasziniert von der Vision der Intendantin Gil, das weibliche Begehren zu erforschen, lässt sich Viktoria auf eine Reise ein, bei der ihre inneren Dämonen Gestalt annehmen – allen voran der geheimnisvolle »Fürst«, der bisher nur in ihrer Fantasie existierte. Zwischen Spiel und Realität beginnt Viktoria, ihre eigenen Grenzen zu hinterfragen. Was passiert, wenn sie sich selbst radikal ehrlich begegnet?

Eine Geschichte der sexuellen Befreiung in drei Akten: MUT · RAUSCH · MAGIE

Für alle, die Spice-Romane mit Tiefe, Reibung und gesellschaftlicher Relevanz suchen.

Mascha Hülsewig von FRAU BLUM – Boutique Erotique, Stuttgart: »Ich bewundere die Offenheit mit der Ines Witka über eines der letzten Tabus in der erotischen Literatur erzählt: Was denkt Frau beim Sex und warum?«

INES WITKA

Theater der Lust – Rausch

Taschenbuch: 228 Seiten,
Auch als E-Book

Inszenierungen gibt es nicht nur im Theater. Besuchen Sie für intimere Momente unseren Club Dark Light – Der Club für Ihre Wünsche

Die Erfahrungen im Liliths Secret Theatre haben Viktoria verändert. In der intensiven Verbindung mit Gil und Ralf, die das Theater leiten, erfährt sie Anerkennung, Vertrauen – und ein neues Verständnis von sich selbst. Als Gil mit dem Kunstprojekt Roter Mond Salon die weibliche Lust erforscht, beginnt Viktoria zu begreifen, wie stark gesellschaftliche Prägungen ihre Vorstellungen von Sexualität beeinflusst haben. Doch Erkenntnis allein genügt nicht – eine wilde Zeit der Experimente beginnt. Zwischen alten Ängsten und neuen Sehnsüchten muss Viktoria eine Entscheidung treffen: Will sie sich selbst finden – oder weiter die Erwartungen anderer erfüllen?

Eine Geschichte der sexuellen Befreiung in drei Akten: MUT · RAUSCH · MAGIE. Für alle, die Spice aus weiblicher Perspektive, emotionaler Selbstbestimmung und klarem Konsens suchen.

INES WITKA

Theater der Lust – Magie

Taschenbuch: 288 Seiten,
Auch als E-Book

Ein Theater wird zum Schauplatz ausschweifender Feste – und beantwortet die Frage, wieso erotische Literatur schon immer Frauensache war. Viktoria hat sich befreit. Aus der Rolle der Angepassten. Aus einer toxischen Ehe. Aus ihren alten Mustern. Im Liliths Secret Theater findet sie nicht nur beruflichen Erfolg, sondern auch eine Liebesbeziehung jenseits der traditionellen Zweierbeziehung. Doch inmitten der intensiven Inszenierungen beginnen sich die Schatten ihrer Vergangenheit zu regen. Ein alter Schmerz, lange verdrängt, bahnt sich seinen Weg an die Oberfläche – und bringt Viktoria an ihre Grenzen. In einer radikalen künstlerischen Performance stellt sie sich schließlich ihren inneren Widersachern – und stößt dabei auf ein Familiengeheimnis, das ihre Sicht auf sich selbst erneut verändert.

Eine Geschichte der sexuellen Befreiung in drei Akten: MUT · RAUSCH · MAGIE. Für alle, die Spice mit feministischer Haltung, Fantasie und psychologischem Tiefgang lesen wollen.

Janina Gatzky, Co-Herausgeberin des Magazins Séparée: »Explizite Erotik mit psychologischem Tiefgang! Es zelebriert die Kraft der Sexualität und ist ein Plädoyer für den enttabuisierten Umgang mit weiblicher Lust. Ein Buch, das Mut macht, sich von den Dämonen der eigenen Vergangenheit zu befreien, selbstbewusst mit der eigenen Libido umzugehen und Fantasie in intensives (Er)Leben zu übersetzen.«

INES WITKA

Dirty Writing.

VOM SCHREIBEN SCHAMLOSER TEXTE: EIN ÜBUNGS- UND INSPIRATIONSBUCH

Taschenbuch: 256 Seiten,
ISBN: 978-3-88769-667-2
Auch als E-Book
Konkursbuch Verlag

Das unterhaltende Sachbuch bringt zwei elementare Bedürfnisse des Menschen zusammen: Erotik und Schreiben. Sexualität und Kreativität befeuern sich gegenseitig. Zwei Kulturtechniken, die die Menschheit vorangebracht haben. Über 50 Vorschläge, wie man Zugang zur eigenen Erotik und zum erotischen Schreiben findet, sowie Textbeispiele, Grundlagenwissen für Schreibende und viele Übungen: für einzelne Szenen, Dialoge oder eine ganze Geschichte mit Spannungsaufbau.

Die Überschriften der Kapitel sind in einem klassischen Schreibspiel, dem Abecedarium, entstanden. Passend zu den Stichwörtern findet sich Wissenswertes zu Erotik und Sexualität und zur Geschichte erotischer Kunst und Literatur. - Die Gestaltung: mit Bildelementen und die Übungen wie ein Tagebuch, zum direkten Hineinschreiben. Der Impuls aus dem Text kann so sofort umgesetzt werden.

Erotisches Schreiben ist nicht möglich, ohne erotisch zu fühlen, es bezieht den eigenen Körper immer mit ein. Umgekehrt gibt es kaum ein besseres Stimulans für die Erotik als eine gut erzählte Geschichte, die Beichte eines erotischen Traums oder Worte, die sich Liebende ins Ohr flüstern ...